# J'ÉTAIS SANS ABRI ET TU M'AS ACCUEILLI

Gabriel Rosset

# J'ÉTAIS SANS ABRI ET TU M'AS ACCUEILLI

Textes présentés par des amis du Foyer Notre-Dame des Sans-Abri

*Préface d'André Latreille*

nouvelle édition

*spiritualité*

nouvelle cité

Composition : Jean-Marie Wallet
Couverture : Jean-Pierre Pitrel

Illustrations de couverture : p. 1, des sans-abri en attente d'un accueil au Foyer Notre-Dame des Sans-Abri. Photo M. Buhrig.
p. 4, Gabriel Rosset sur un chantier de construction de maisons pour des familles sans logis.
Pour les deux photos, © Patrimoine Foyer Notre-Dame des Sans-Abri


37, avenue de la Marne – 92120 Montrouge

ISBN : 2-85313-469-5

# AVANT-PROPOS
(1981)

*Lyon jouit – à bon droit – de la réputation d'une ville où la foi et la charité chrétiennes ont toujours été, ensemble, à l'honneur et à l'action. La dévotion de la population lui a souvent valu la qualification de cité mystique au sens d'un catholicisme fervent toujours préoccupé de s'exprimer en actes au service du prochain.*

*C'est dans cette tradition que s'insèrent la fondation, au lendemain de la seconde guerre mondiale, et le développement assez extraordinaire d'une œuvre privée qui continue sous nos yeux : le Foyer Notre-Dame des Sans-Abri.*

*Dans le Lyon de 1945-1950, non seulement sur le territoire communal mais dans toute la nébuleuse urbaine qui l'entoure, la crise du logement sévit au plus haut point. Le malthusianisme démographique et social qui a régné pendant l'entre-deux guerres avait eu cette conséquence qu'on n'avait presque rien construit et que le parc immobilier était dans un état déplorable. Sans doute, le président Herriot avait-il créé un des premiers Offices publics d'Habitations à Bon Marché dès 1920 : mais sa dotation n'avait permis que quelques réalisations heureuses (notamment le quartier des États-Unis conçu par Tony Garnier), et une politique insensée des loyers avait entravé toutes les initiatives individuelles ou publiques. Non seulement il n'y avait pas de logements à bon marché, mais, à proprement parler, il n'y avait pas un appartement, pas un local vide, même pour des gens ayant des ressources… et un ordre de réquisition en main. À plus forte raison pour les malheureux et les étrangers…*

*La ville, qui aspirait à terminer sa reconstruction et à se donner un équipement industriel digne de ses ambitions, avait encore, au sud-est du Rhône et vers le confluent, à la Guillotière et à Gerland, des terrains à urbaniser, et elle attirait une main-d'œuvre étrangère de plus en plus considérable. Les Maghrébins surtout affluèrent vite en grand nombre dans ces quartiers. Mais pour ces inconnus, ces isolés, la difficulté de trouver fût-ce une chambre se révélait insoluble. À peine s'ils découvraient un garage ou un vieux wagon dans un terrain vague, ou des cabanes de bois et de tôles qui tendaient à s'agglomérer en bidonvilles sordides, sans hygiène et sans défense contre le froid. Ainsi rejoignaient-ils de force les marginaux, les malheureux clochards dédaignés, ignorés ou redoutés par les nantis, voire par leurs camarades de travail plus heureux. Jusque dans l'hiver 1954, il y aura à Lyon des cas de morts par le froid, parmi ces misérables ou parmi leurs enfants quand ils avaient une famille.*

*Cette situation navrante n'était pas sans émouvoir les hommes de cœur qui en avaient conscience. Ils étaient rela-*

*tivement peu nombreux. L'attention des pouvoirs publics allait fort naturellement aux mesures nécessaires pour permettre la reprise de l'activité constructrice de l'Office dit maintenant d'Habitations à Loyer Modéré. D'initiatives privées, il n'y en avait guère : l'Asile de nuit de l'Armée du Salut, déjà ancien ; un Centre d'accueil des religieuses franciscaines pour les femmes ; le geste des gens assez charitables pour abriter une nuit quelque individu ramassé au hasard de la rue… Parmi ces derniers, témoins plus immédiats de l'abandon des « marginaux », l'idée prenait corps de rassembler un nombre suffisant de personnes dévouées pour organiser et faire fonctionner un Abri, fût-il rudimentaire. Elle était prônée par des religieux comme ce jésuite de la Maison de Fourvière, le P. Basile, auquel son zèle valut le surnom de « Basile de nuit », ou comme les prêtres du Prado, par des laïcs, membres actifs soit de la Société Saint-Vincent-de-Paul, soit de la Chronique sociale, soit de la Paroisse universitaire (Association des professeurs catholiques de l'Université). Dans l'automne de 1950, au cours d'une réunion au siège de la Société Saint-Vincent-de-Paul, on apprit que M. Arnion, Directeur de la Santé et de la Population, signalait qu'un M. Boccard, propriétaire d'un ancien café « Au Monde Nouveau » sis à la Guillotière, à deux pas du Prado, mettrait son local à la disposition du groupe. On décida d'entamer l'expérience. Une association dite du Foyer des Sans-Abri serait fondée pour couvrir l'opération, sous la présidence de M. Jean Escoffier et, notons-le, avec le concours d'un industriel israélite, M. Meyer, qui devait manifester au groupe une fidélité indéfectible. Le 24 décembre, veille de Noël, avec 50 lits donnés par la Société Saint-Vincent-de-Paul, on ouvre le local : une quinzaine de malheureux sans-abri y sont reçus par les premiers serviteurs du Foyer, qui passent la nuit de Noël « dans cette crèche ».*

*Parmi ces « serviteurs » (c'est le seul titre qu'il acceptera jamais), il en est un qui, très rapidement, prendra la direction effective de l'entreprise. C'est un modeste professeur de collège, qui n'est à Lyon que depuis 1934, qui y a peu de relations et n'est guère connu que de ses collègues de la Paroisse universitaire, Gabriel Rosset. Grâce à la continuité de sa présence, à l'audace de ses initiatives, à sa force de persuasion et, sous des dehors de douceur, à une ténacité de paysan ou de spirituel dont la foi transporte les montagnes, il va d'emblée devenir l'animateur et l'incarnation du Foyer, – le vrai Fondateur.*

*Né en 1904 à Champier (Isère), près de La Côte-Saint-André, dans une très modeste famille, il a reçu dans son enfance la « grâce exceptionnelle » d'une foi fervente et de la plus réelle pauvreté, qui lui a inspiré une constante attention aux malheureux, à ceux qui ont faim et n'ont pas de toit. Dans le petit volume intitulé* Rencontres avec la nuée de feu, *écrit vers la fin de sa vie, il racontera comment il a conservé ou retrouvé ces orientations fondamentales à travers les étapes de son existence, les tentations de la jeunesse, les sollicitations des « passions dévorantes », surtout peut-être l'ivresse du savoir, diligemment acquis aux Écoles normales d'instituteurs de Grenoble et de Lyon, puis à Saint-Cloud et dans le milieu intellectuel des grandes Écoles parisiennes. Par bonheur, il s'est lié d'une amitié admirative avec les aînés du « groupe tala* [1] *», qui sont devenus ses maîtres à*

---

[1] Le « groupe tala » (« celui qui va-t-à la messe ») désigne ici le groupe fondé par Fernand Portal en 1912, qu'il continua jusqu'à sa mort en 1926, et auquel participèrent, entre autres, Marcel Légaut, Jean Guitton, Antoine Martel.

*penser et ses modèles, notamment Marcel Légaut et Antoine Martel : ce dernier (mort prématurément en 1934), véritable héros de la Charité du Christ, restera pour lui comme le patron sous la protection duquel il placera toutes ses initiatives jusqu'à la fin de sa vie.*

*Devenu professeur de lettres en 1928, Rosset fut nommé en 1932 à Lyon, où il s'installa modestement. Dans son enseignement qu'il assura sans manquer jusqu'à l'âge de la retraite, il déploya une ardeur et des qualités de « pédago » et de moraliste qui marquèrent très fortement ses élèves, ses collègues, et jusqu'aux inspecteurs généraux de l'Éducation nationale qui lui rendirent hommage de façon significative par l'octroi de la Légion d'honneur en fin de carrière. Cependant cet intellectuel, ce professeur de l'école publique laïque était à la fois un mystique et un homme d'action. Un mystique dans la tradition des grands spirituels, de saint Augustin à Pascal dont il était nourri : sa place aurait pu être à la Trappe, dans cette Trappe de Notre-Dame des Dombes où il aima toujours aller se ressourcer, entre les travaux qui l'absorbaient tout entier. Un homme d'action, parce qu'il avait, une fois pour toutes, entendu la Parole qui enjoint au chrétien de se porter au secours de ses frères malheureux, « membres souffrants de Notre Seigneur Jésus Christ » – et il était décidé à y répondre, à y faire écho de tout son cœur et de toutes ses forces.*

*Dès l'origine, il fut le Serviteur toujours présent au Foyer et, s'arrangeant pour y passer tout le temps que lui laissait sa tâche universitaire, il prit la responsabilité de sa marche et lui imprima son caractère. Tout le monde dut s'incliner devant l'autorité souriante et ferme qui conférait à « Monsieur Rosset » un ascendant étonnant sur ses collaborateurs comme sur des assistés pas faciles à manier.*

*D'abord, il tint à mettre l'entreprise sous le patronage de la Vierge, Mère du Christ. Les fondateurs du premier Comité croyaient opportun de souligner le caractère laïc d'une association ouverte à tous et qui aurait probablement à solliciter l'aide des pouvoirs publics. Lui, imposa l'appellation de Foyer* Notre-Dame *des Sans-Abri, qui devait prévaloir et qui, dans sa pensée, ne devait bien entendu ni empêcher d'admettre, comme membres et comme hôtes, des hommes de toute appartenance confessionnelle, raciale ou idéologique, ni détourner de travailler avec tous les mouvements qui avaient le même but et avec les services publics bien disposés. Et ce devait être en effet une originalité de son œuvre que de trouver sans cesse plus de concours bénévoles en argent et surtout en présences actives pour les besognes de veille de nuit, de nettoyage, de vestiaire, de secrétariat… et, au-delà du cercle des serviteurs, d'alerter les consciences, d'éveiller l'opinion. Par l'expérience faite au sein de la Paroisse universitaire, parmi les membres des Conférences de Saint-Vincent-de-Paul, il savait que les appels à la Charité éveillaient toujours un écho à Lyon, que les dévouements et les aumônes des petites gens aussi bien que les dons des riches généreux ou que les subventions officielles couvrent les besoins d'une œuvre qui fait la preuve de « la nécessité de l'urgence ». Les résultats obtenus l'amèneront en 1954 à lancer un bulletin qui, sous le titre ambivalent de* « l'Arche » *(arche du salut et arche du pont à jeter entre les infortunés et les privilégiés du sort), non seulement rendra compte de la marche du Foyer, mais surtout montrera les besoins criants de certaines détresses et rappellera, avec le renfort de beaux textes de spiritualité, l'éminente dignité des pauvres.*

*À vues humaines, tout pouvait faire craindre l'échec*

*d'une entreprise dont les moyens étaient sans proportion avec le mal auquel il fallait remédier. Au bout d'un an, dans l'hiver 1951-1952, le Foyer parvenait à peine à recevoir une centaine d'hommes dans des conditions d'entassement où ni l'hygiène ni la sécurité ne trouvaient leur compte : on ne tenait dans un espace aussi restreint qu'en faisant coucher dans des hamacs des hommes parfois tout habillés, faute de couvertures. On pouvait craindre une fermeture par voie d'autorité, pour cause de désordres. Et encore était-on contraint de refouler plus de postulants qu'on n'en recevait, avec, dans telle semaine tragique, la tristesse d'apprendre que, sous les ponts ou dans un vieux wagon, trois personnes étaient mortes de froid. Il fallait d'urgence agrandir et améliorer l'accueil.*

*Le premier miracle fut fait avant la fin de l'année 1952. Le propriétaire du vieux café ayant cédé ses droits, M. Rosset le fit remplacer par un nouveau bâtiment qui était un vrai Foyer, l'amorce d'une construction appelée à s'agrandir selon les besoins. Grâce à la générosité des premiers amis et du grand entrepreneur Pitance, qui prit à son compte plus du quart de la dépense (40 millions), on put élever deux étages comportant deux dortoirs de 75 lits chacun, des douches, un grand réfectoire et une cuisine : un véritable havre où, au chaud et en compagnie de leurs camarades, les hôtes trouveraient la soupe du soir, le repos, le moyen de pourvoir aux soins de propreté. En l'inaugurant à Noël, on n'imaginait pas encore que l'immeuble serait dans la suite porté à six étages, avec des chambres pour des passagers ou des membres d'un personnel de service recruté parmi eux, un vestiaire de plus en plus fourni, quelques bureaux…*

*Ainsi atteignit-on l'année 1954, année cruciale où*

*l'œuvre de « Monsieur Rosset » va prendre une orientation et une ampleur nouvelles.*

*Février avait été soudain d'une rigueur implacable. Comme le premier bâtiment se révélait insuffisant et qu'il y eut au-dehors de nouveau des morts de froid, Rosset lança des appels « à tous les Lyonnais ». Des églises ouvrirent leur crypte. Des particuliers leurs portes. Une « suite ininterrompue de voitures » (c'est lui qui parle) apporta en quantité des vêtements et de l'argent. Le Responsable put tracer le plan d'un second Foyer, pour femmes et enfants, ouvert rapidement dans un autre quartier. Le 13 mars, un événement vint bouleverser l'opinion déjà alertée : ce fut le passage de « l'abbé Pierre », prêtre d'origine lyonnaise, fondateur de la* Communauté d'Emmaüs, *qui poursuivait dans la région parisienne, à une tout autre échelle, une action de relogement des familles sans toit, connue de tous. À la conférence qu'il prononça à la Bourse du Travail, on s'écrasa, et la quête procura* plus d'un million. *Il vint visiter le Foyer, et, à en croire Rosset, cette visite fut « une prise de conscience de ce que nous devons faire pour remplir notre mission ».*

*Ce qu'il fallait faire, ce n'était rien moins que de passer d'un Foyer asile de nuit pour passagers isolés à un Foyer capable d'assurer le relogement de familles entières, femmes et enfants compris, en les sortant de ces affreux bidonvilles, indignes de petits d'hommes. En fait, Rosset y pensait depuis longtemps : les confidences et les sollicitations des pauvres, ses amis, l'y avaient préparé. Il suscita la fondation d'un* Comité lyonnais de Secours d'urgence aux Sans-Abri, *dit* Comité abbé Pierre, *parallèle à l'Association du Foyer, avec un programme de construction de logements de dépannage et de rénovation de locaux vacants, éventuellement d'achat de terrains, sans parler des avances faites aux familles pour leur permettre d'accéder à des logis décents.*

*Le virage n'était pas facile à prendre, impossible même d'une certaine manière du point de vue financier et administratif. Se lancer avec des moyens limités fournis par la charité publique, dont les contributions assuraient déjà avec peine les besoins grandissants de l'Asile de nuit, constituait une prétention exorbitante. En mai 1952, un débat ouvert au Conseil général du Rhône par M. Jarrosson, ami du Foyer, qui proposait d'accorder une subvention à deux œuvres privées de dépannage, dont celle de la rue Dumoulin, s'était soldé par un échec. Pour deux raisons, clairement formulées par le président Bonnevay, pourtant peu suspect de malveillance anticléricale : le caractère « confessionnel » de ces œuvres; le danger de les laisser s'engager dans une politique hasardée de construction, en contradiction avec les projets de l'Office départemental des HLM et avec les règles posées par le ministre de l'Équipement.*

*Mais Rosset, placé devant 700 dossiers qui avaient afflué au Comité abbé Pierre, n'était pas homme à attendre :*

« Quand on est sûr, *écrivait-il,* que le secours de gens en perdition ne peut venir d'ailleurs, on apporte ce que l'on peut, l'aide si limitée soit-elle. On fait un pas, et puis un pas… »

*Rosset s'engage donc dans la seule voie qui lui reste ouverte : se faire céder ou acheter des immeubles anciens (maisons de maître, usines, couvents désaffectés…) et des terrains à bâtir, ouvrir des chantiers où, avec l'aide de « compagnons bâtisseurs » venus de partout (étudiants en vacances, étrangers quelquefois, pensionnaires du Foyer…), il construirait les premiers chalets « de transit » de type divers en attendant de pouvoir construire en dur… Il commença en demandant dix millions aux amis de l'œuvre pour faire quatre ou cinq logements de dépannage, et il les obtint. Puis, par ses premières réalisations et par ses instances (en soumettant des plans que des techniciens l'aidaient à présenter de façon de plus en plus rigoureuse), il entreprit de montrer sa capacité à aider les plus démunis, ceux qui pouvaient à peine être candidats à une HLM, de façon à poser, devant les services de l'Équipement et devant les élus des assemblées municipales et départementales, le problème de l'effacement des bidonvilles, lèpre de l'agglomération lyonnaise.*

*Dès la fin de 1954, il avait fléchi le Conseil général grâce à l'appui déclaré du président Bonnevay qui, revenu de sa position première au spectacle des résultats obtenus, se constituait maintenant l'avocat déclaré et l'ami le plus sûr de M. Rosset. Sur la proposition du président Carteron, il lui était alloué douze millions, subvention renouvelée les années suivantes. Il obtenait ensuite que, sur des terrains trouvés par lui, l'Équipement construise des immeubles dont le Foyer serait locataire, rembourserait les annuités des prêts contractés, assurerait la garde et la gestion. Enfin il entrait en contact, puis en amitié avec un des adjoints les plus attentifs de la municipalité Herriot, Louis Pradel, un homme de cœur dont le souci premier était la promotion de la construction, au profit d'abord des plus démunis. Le jour où, Herriot étant mort, Pradel lui succéda comme maire de Lyon (1957) et, dans un de ses premiers gestes significatifs, accepta de visiter le bidonville de Gerland en sa compagnie, M. Rosset trouva un « Compagnon-bâtisseur » d'une dimension exceptionnelle.*

*J'ai trop peu de place ici pour décrire le prodigieux travail des treize années (1957-1970) au bout desquelles Lyon se trouva être la première grande agglomération urbaine en France à être débarrassée de ses bidonvilles. Bien entendu, les responsables du Foyer n'ont jamais prétendu s'attribuer le mérite de ce résultat qui avait été obtenu essentiellement par la prodigieuse activité de Louis Pradel et de toute une pléiade d'hommes publics et de hauts fonctionnaires qu'il faudrait, dans un tableau historique, situer chacun à sa place dans l'œuvre de transformation du visage de la Cité et des communes périphériques. Pourtant n'a-t-on pas souvent entendu dire par M. Pradel lui-même : « Grâce à M. Rosset, il n'y a plus de bidonvilles à Lyon. » Et, en effet, Rosset avait donné la première impulsion et il avait assuré dans une large mesure la partie la plus difficile sur le plan humain de l'opération; le relogement ou le transit de la plus humble partie de la population touchée par des plans d'urbanisme d'une large envergure. Comme en outre, entre-temps, l'urbanisation continue de la région, un essor industriel éclatant, les événements d'Algérie, faisaient refluer sur Lyon et les communes périphériques un flot de travailleurs souvent accompagnés de leurs familles, le Foyer avait assumé de nouvelles tâches, en édifiant des « foyers de migrants », en se donnant une Société HLM qui mit à neuf ou reconstruisit en dur des Cités entières, on juge de l'étendue de ses réalisations. Elle tient dans une phrase de Rosset peu de temps avant sa mort :*

« Si quelqu'un nous avait dit (en 1954) que nous allions construire 1 500 logements pour 3 000 adultes et pour plus de 5 000 enfants dans nos cités de transit – ce qui représente la construction d'une ville de 8 000 à

10 000 habitants – nous l'aurions pris pour un fou. Et c'est cela qui est arrivé. »

*Qu'on n'aille pas voir dans ce bilan sommaire aucune trace de triomphalisme ou d'autosatisfaction :*

« Cet aperçu de l'ensemble des constructions n'est pas un satisfecit, nous sommes les premiers à reconnaître l'insuffisance de notre travail et nous voyons ce qui reste à faire. »

*Une fois réalisée la construction des cités et l'aménagement des immeubles, la tâche des collaborateurs du Foyer ne faisait que commencer. Il fallait d'abord assurer la gestion et l'entretien, le gardiennage, l'ordre et la propreté d'ensembles où se rencontraient des gens d'origines très diverses (22 % de Français, 10 % d'autres Européens, plus de 60 % de Musulmans), tous aussi peu formés aux disciplines de la vie collective. Ensuite la surveillance sanitaire et l'assistance aux mères de famille revenaient aux auxiliaires familiales dont on multiplia le nombre. Enfin l'animation socio-éducative, qui allait de l'alphabétisation à une sage utilisation des loisirs pour plus de 5 000 enfants. Rosset suscita des équipes d'animateurs (comme l'Association Antoine Martel) pour les cités et, en 1975, il commença l'aménagement d'un premier centre aéré de vacances à Sainte-Agnès (Isère). Personne ne pouvait avoir plus que lui le souci des enfants, auxquels ce célibataire portait une respectueuse et émouvante tendresse, et le souci de la promotion familiale, car il répétait que les familles relogées par le Foyer devaient être tirées d'une misère qui n'était pas seulement matérielle, mais morale :* « Mieux que des constructeurs, *écrivait-il,* soyons des instituteurs au sens le plus noble du mot *instituere :* aider à se tenir debout. » *Ceux qui ont critiqué comme insuffisants les résultats obtenus dans ce domaine auraient dû penser qu'entraîné par la nécessité de mettre d'abord à l'abri les plus délaissés, il n'a jamais oublié l'éducation morale et sociale, non seulement des assistés, mais aussi des amis qu'il entretenait de l'œuvre dans* l'Arche, *et que seul le temps lui a manqué pour améliorer ce qu'il avait fait, et qui était immense...*

*Monsieur Rosset est mort, en pleine activité, au lendemain de la fête de Noël 1974, vingt-quatre ans après le démarrage du Foyer, foudroyé par une attaque dans son cher asile de N.D. des Dombes, où il se recueillait.*

*L'équipe qui s'était rassemblée autour de lui – équipe de « serviteurs » de toutes appartenances sociales, mais unie dans un assez rare esprit d'unité et de désintéressement, et où il serait indiscret de détacher des noms –, prit aussitôt l'engagement de poursuivre l'entreprise, dans la même ligne et avec les mêmes méthodes. Certains des plus proches savaient d'ailleurs qu'ils avaient trouvé ou retrouvé au Foyer une raison de vivre et le secret de l'amitié entre les hommes et qu'ils ne pourraient plus s'en éloigner. En sept ans, ils ont fait franchir au Foyer une nouvelle étape, remarquable, dans la voie déjà ouverte avec leur concours : amélioration de l'accueil à l'Asile de nuit, promotion du logement familial, développement des services annexes et notamment des centres aérés et de vacances...*

*L'œuvre du Foyer s'inscrit actuellement dans un périmètre de 25 à 30 kilomètres de côté, largement extérieur à son point de départ lyonnais. De l'Arbresle dans les Monts du Lyonnais à Saint-Pierre de Chandieu dans le bas pays dauphinois et au-delà de Givors sur Rhône, on relève des foyers d'accueil, des logements rénovés ou sommairement construits, des cités d'une trentaine de logements, sans parler des centres aérés dont les derniers à la Rochette (Caluire, Rhône), à Sainte-Agnès (au pied de Belledonne), au domaine de la Tour, en Forez.*

*Ce n'est donc pas la seule agglomération lyonnaise qui porte son empreinte, mais encore un bon nombre de communes voisines. Aussi les organismes publics départementaux et communaux, du Conseil général aux Caisses d'allocations familiales, soutiennent-elles l'œuvre de leurs subventions. Mais elle tient jalousement à garder son indépendance et son caractère propre, dont elle témoigne par le fait qu'elle repose essentiellement, pour sa vie quotidienne, sur le concours des bénévoles qui l'assurent par leurs aumônes (au vieux sens chrétien de ce mot) et par leur service personnel. Le visiteur s'étonne de voir les équipes qui s'affairent à la cuisine, au vestiaire, aux magasins d'objets qui serviront à une des ventes de Charité les mieux achalandées de Lyon. La dernière quête (annuelle) sur la voie publique a rapporté en un seul dimanche dix millions, ce qui d'ailleurs ne couvre guère que le fonctionnement de l'Asile de nuit. De toutes les classes sociales de la Communauté urbaine et de bien des coins de France viennent des dons, comme un apport qui n'a pas cessé depuis la disparition du fondateur, en hommage au Serviteur modèle.*

*Autour de « M. Rosset » s'est opérée une véritable mobilisation de la vieille charité lyonnaise (qui, faut-il le dire, n'a nullement fait tort à la riche gamme des œuvres laïques ou religieuses qui honorent la Ville). Elle dure et durera, dans le souvenir de cet humble et fidèle Ami des pauvres, dont le nom s'inscrira dans la longue lignée qui va de Pauline Jaricot à Joseph Folliet, en passant par Ozanam, Camille Rambaud, Marius Gonin, et ce Père Chevrier dont le nom a précisément été donné à la rue où se situe toujours le premier havre du Foyer Notre-Dame des Sans-Abri.*

André LATREILLE (1901-1984)
Professeur d'histoire contemporaine
Université de Lyon

# AVERTISSEMENT

*Ainsi, autour de Gabriel Rosset, une immense action sociale et éducative fut entreprise. Car il était à la fois homme de contemplation et d'action, entraîneur d'hommes, mobilisant toutes les bonnes volontés, plein de nouveaux projets, dévoré du désir évangélique d'aider les déshérités, les isolés, les écrasés.*

*C'est cette incroyable épopée de la charité qu'essayent de révéler les textes de ce volume. Ils sont extraits soit de très nombreux articles publiés par Gabriel Rosset dans* l'Arche, *soit de lettres et carnets inédits retrouvés dans ses papiers. L'équipe d'amis qui les a choisis s'est contentée de les mettre en ordre, en les reliant par quelques indications sommaires, et, le cas échéant, par des témoignages qui les éclairent.*

*Les parties d'encadrement sont imprimées en italique; tout le reste est de Gabriel Rosset.*

# I
# LE FOYER NOTRE-DAME DES SANS-ABRI

# 1
# 1950-1954
# FONDATION ET PREMIERS DÉVELOPPEMENTS DU FOYER

## *Premières étapes*

*Gabriel Rosset n'a jamais fait lui-même un historique complet et précis de sa grande entreprise charitable et sociale : essentiellement parce qu'il avait le souci de ne pas s'attribuer tout le mérite d'un effort collectif auquel participèrent à ses côtés bien d'autres hommes de bonne volonté (ses collègues universitaires catholiques, les membres des Conférences de Saint-Vincent-de-Paul, de la Chronique sociale, etc.) ; et parce que, en ce qui le concernait, il reportait tout le mérite de l'inspiration qui le poussait dans sa marche en avant à la Parole évangélique et à l'intercession de ses patrons du ciel : la Vierge, saint Joseph, la petite sœur Thérèse de Lisieux et de ceux qu'il appellera joliment les « saints de la misère » : saint Vincent de Paul, Ozanam et le jeune maître de sa jeunesse Antoine Martel, qui fut, répétait-il, son inspirateur.*

*Voici du moins en quels termes il a lui-même résumé les premières étapes des réalisations effectuées entre 1950 et 1954.*

1940 – À Lyon, des universitaires catholiques fondent un groupe de charité, c'était la tradition, les jours de fête et en particulier à Noël, chez nous, de réserver une place à un pauvre, à la table de famille. Nous invitions, dans la rue, de préférence le plus pitoyable. C'est ainsi que nous fîmes connaissance avec plusieurs « sans gîte » et que nous entrevîmes dans quelles conditions affreuses ils passaient la nuit. Quand après le repas, le pauvre nous quittait, nous savions pertinemment qu'il allait geler de froid dehors le reste de la nuit. Quelquefois, n'y tenant plus, nous mettions un matelas par terre. Mais cela posait des problèmes pour nous et pour le pauvre aussi, la nuit suivante.

Noël 1950 – Le 23 décembre, avec le concours d'un étudiant scout, dans un local prêté à titre précaire par un propriétaire qui a sur ce terrain le projet de construire un grand immeuble, avec 50 lits donnés par la Société Saint-Vincent-de-Paul, on ouvre le Foyer Notre-Dame des Sans-Abri. Le soir de Noël, une quinzaine de malheureux sans-abri y sont reçus par les premiers serviteurs du Foyer qui passent la nuit de Noël dans cette crèche.

Mars 1951 – À la porte du Foyer, on voit des choses qui empêchent de dormir tranquille. L'hiver dernier, un serviteur parlait au réfectoire à un jeune Arabe, T..., à la veille d'être hospitalisé pour être opéré d'un abcès au poumon : toussant, fiévreux, il faisait pitié. Tout à coup, il dit à notre ami, d'une voix douce : « C'est de ta faute si je suis malade... Oui, continua-t-il, implacable, il y a trois semaines tu m'as refusé à la porte et j'ai couché huit jours au bord du Rhône (c'était en février), c'est là que j'ai pris mon mal. » Opéré et bien soigné depuis, le jeune T... est actuellement dans une maison de convalescence. Mais il y en a d'autres que, faute de place, nous repoussons chaque soir.

Hiver 1951-1952 – L'hiver 1951-1952, la situation devient tragique. On entasse dans des locaux trop étroits cent hommes chaque nuit, et tous les soirs on refuse du monde. On nous téléphone un jour de l'hôpital Édouard Herriot en nous priant de bien vouloir recevoir cinq hommes sans logis sortant de l'hôpital le soir même. Et il ne nous reste pas une place.

Trois hommes ayant été trouvés morts de froid la même semaine, deux sous les ponts et un dans un wagon, M^me^ Massenet installe dans les baraquements militaires des dortoirs pour les Nord-Africains. Le Prado nous offre une salle de conférences qui est transformée en dortoir en deux heures de temps et une conférence de Saint-Vincent-de-Paul installe une cinquantaine de couchettes dans la crypte chauffée de l'église Saint-Pothin.

En même temps, nous faisons appel à tous nos amis, qui sont nombreux, pour recueillir des fonds nous permettant d'envisager l'achat en vue de l'agrandissement des locaux que nous occupions.

Janvier 1952 – Le propriétaire accepte par sympathie pour l'œuvre de renoncer à ses projets personnels et de nous vendre la vieille maison et le terrain nous permettant de nous agrandir.

Printemps 1952 – Nous améliorons le recrutement des serviteurs bénévoles. Des secrétaires viennent chaque semaine préparer des convocations. En faisant ressortir que nous ne pouvons absolument pas augmenter la capacité d'accueil de la maison avant d'être assez nombreux et assez forts pour en assurer la gestion, nous obtenons de nouveaux engagements et surtout une régularité plus grande de la part des anciens. Les quelque deux cents serviteurs inscrits, voyant de près les besoins pressants du Foyer, nous envoient des dons pour agrandir la maison. On décide de réunir les fonds nécessaires à la construction d'une aile neuve de plusieurs étages, adossée à la vieille maison, celle-ci étant conservée.

L'œuvre française de Saint-Vincent-de-Paul nous donne 1 500 000 francs, nous avance un million et, au mois de juillet 1952, nous avons recueilli 6 millions, par petites sommes la plupart du temps. Tel modeste jeune employé, veilleur de nuit dévoué, nous apporte toutes ses économies, 50 000 francs, au capital de la Société Immobilière que nous venons de constituer. Un entrepreneur s'intéresse à l'œuvre, nous fait un projet bien adapté à nos besoins, et que nous réalisons en empruntant 8 millions.

Juillet 1952 – Au risque de poursuivre deux lièvres à la fois (les proverbes n'ont pas toujours raison), dans la partie de la cour restée libre, nous entreprenons dans l'immédiat de construire, avec des matériaux de démolition, une salle qui pourra contenir cent hamacs, des lavabos, un bon chauffage. On organise un centre d'hébergement rue Smith et montée Allouche. Pendant ce temps, s'ouvre le chantier du grand bâtiment projeté.

On ouvre une maison de travail à la campagne, dans un local prêté, à Sainte-Julie (Ain).

Noël 1952 – Son Éminence le cardinal Gerlier célèbre la messe de minuit dans le dortoir à hamacs nettoyé et orné.

Été 1953 – Le nouvel immeuble s'achève. En régime d'été, nous ne gardons que les hommes fixés par leur travail à Lyon et ne trouvant pas de chambre. Nous leur demandons de payer une mensualité.

Les distributions de soupe fermant pendant les vacances, nous essayons d'en organiser une, mais en vain. Les serviteurs étant rares et irréguliers, des désordres se produisent à la distribution et nous sommes obligés de l'arrêter. Des hommes meurent de froid l'hiver. D'autres meurent de faim l'été.

8 décembre 1953 – Tandis que l'équipe des peintres, renforcée de quelques sans-travail, donne les derniers coups de pinceau dans la maison neuve, on en aménage les dortoirs et, à 19 heures, nos hôtes ont l'agréable surprise de pénétrer dans un grand et clair réfectoire aux murs blancs rehaussés de vert. Ainsi s'efface à jamais la triste vision qui nous affligeait depuis trois ans : cent cinquante hommes restant debout, faute de place, pendant deux heures, pour se faire inscrire, attendre un numéro de lit, manger la soupe à la sauvette, dans les courants d'air. Ici, chacun pourra s'asseoir devant une table, se réchauffer, causer tranquillement avec un compagnon de misère ou un serviteur.

Notre installation permet, en une demi-heure, à quarante-cinq hommes, de prendre une douche. Enfin, cette belle maison de la charité abrite deux grands dortoirs avec cent quarante vrais lits aux draps blancs.

Noël 1953 – Inauguration des nouveaux locaux par son Éminence le cardinal Gerlier.

### *Le but du Foyer*

*L'œuvre de ces trois premières années est déjà considérable.*

*Ce n'est pas seulement le passage d'un havre précaire d'une cinquantaine de lits à une maison d'accueil de cent cinquante lits avec cuisines, salle à manger, dortoirs et salles d'eau, c'est surtout le rassemblement d'équipes de bénévoles qui, à l'imitation de Gabriel Rosset, se font serviteurs de malheureux et, sans compter avec leurs occupations propres, se trouvent régulièrement là pour recevoir les hôtes, distribuer la soupe, assurer la veille de nuit.*

*L'organisation du Foyer est simple et demande une grande disponibilité. Le résumé en est donné en 1954, dans le premier numéro de* l'Arche, *de façon claire et concise :*

Son but : loger les sans-abri, leur donner une soupe et le moyen d'assurer leur propreté corporelle, les aider à trouver un travail et un logement, mettre en pratique le commandement : « Aimez-vous les uns les autres ».

Durée du séjour : un mois avec prolongation dans certains cas déterminés.

Comme participation aux frais, 10 francs par jour.

Nous recevons les Nord-Africains jusqu'à concurrence de la moitié de l'effectif total.

Aucun personnel rétribué ; de 19 heures du soir à 7 heures du matin tout le travail est assuré par les équipes de serviteurs du Foyer, huit serviteurs du soir et quatre surveillants de nuit qui viennent une fois par semaine ou par mois. La réception des hôtes, la gestion de l'œuvre sont assurées par des assistants au nombre de trois actuellement qui veillent par roulement à la discipline générale et ont la responsabilité des décisions de chaque jour. L'entretien des locaux et leur nettoyage sont effectués par des sans-abri employés au pair sous la direction de bénévoles.

L'œuvre est coiffée par l'association du Foyer « Notre-Dame des Sans-Abri » et son comité.

Le Foyer a reçu environ quatre mille huit cents hommes pour une durée moyenne de vingt nuits depuis son ouverture, il y a trois ans et quatre mois.

Le dernier dimanche de chaque mois, une assemblée à laquelle sont conviés tous les serviteurs et amis du Foyer s'efforce de résoudre les problèmes les plus importants.

### *La vocation de bénévole*

*On voit l'accent mis sur la place des bénévoles. C'est une idée qui tient à cœur à Gabriel Rosset et il s'est expliqué souvent sur ce point.*

Il est d'autant plus important d'associer les bénévoles à notre travail que le principal obstacle à la promotion des sans-logis et des migrants en France est l'indifférence de l'opinion à leur égard. Il est louable d'éclairer cette opinion et de plaider la cause des sans-abri et des migrants par des articles et des conférences. Mais c'est beaucoup mieux d'associer à un travail comme le nôtre beaucoup de bénévoles de valeur qui, en découvrant nos problèmes et en fréquentant nos hôtes, verront de près les injustices dont ils sont les victimes et seront ensuite autour d'eux leurs meilleurs avocats.

En faisant appel aux bénévoles, nous éveillons, chez tous, le plus noble des instincts de l'homme. Une société qui s'en remettrait aux seuls professionnels pour venir en aide à toutes les détresses serait bien malade. Une société a besoin de richesse et de savoir (et de moyens financiers et de travaux scientifiques) mais elle a plus besoin encore de gratuité…

Les bénévoles chez nous apportent le nombre, la force, le dévouement, les idées, tout un édifice dont les professionnels sont les piliers. L'erreur des bénévoles qui veulent se passer des professionnels est aussi dangereuse que celle des professionnels qui se privent du concours des bénévoles.

La vocation de bénévole est un appel de Dieu : « Voyez, déjà la moisson blanchit, et il n'y a pas assez d'ouvriers pour la moisson. Prions le Maître de la moisson d'envoyer des ouvriers pour la moisson. » On ne peut qu'éveiller et aider une vocation, lui montrer l'immensité des besoins, lui proposer un champ d'action, un terrain pour qu'elle germe. On se forme sur le tas. Sans grains et sans terrain, rien ne peut pousser. Ce n'est que lorsque la graine a germé (qu'une vocation s'est éveillée) qu'on peut cultiver, arroser, tailler la plante. Une vocation ne va pas sans le désir d'un engagement durable…

### *Politique et charité*

*Cet accent mis sur le bénévolat n'empêche pas Gabriel Rosset de souhaiter et même de travailler à des solutions politiques.*

Pascal, qui voulait devenir un saint, a aimé la pauvreté et les pauvres comme Jésus Christ son Maître… Qu'il nous soit permis pourtant de remarquer l'actualité singulière du conseil qu'il donne concernant « l'assistance journalière et particulière des pauvres » que les règle-

Éditions NOUVELLE CITÉ
37, AVENUE DE LA MARNE
F-92120 MONTROUGE

ments généraux « ne peuvent remplacer ». Nous dirions aujourd'hui, en d'autres termes, que la politique ne peut suffire à tout et que la recherche de la justice sociale n'autorise pas à mépriser la charité particulière.

Non pas que l'action sur les structures de la cité soit déconsidérée : elle est urgente, au contraire, mais comme l'office propre de ceux qui ont cette vocation et cette compétence : il disait que ces grandes entreprises étaient réservées à de certaines personnes que Dieu destinait à cela et qu'il conduisait visiblement... Ces hommes politiques, chargés du bien commun, ont le devoir strict de lutter, avec les larges moyens que la communauté leur confie, contre toutes les formes de la misère : ignorance générale et technique, alcoolisme, chômage, crise du logement, taudis, sous-alimentation, prostitution. Qu'il faille sans cesse leur rappeler ce devoir, nous ne le savons que trop !

Mais le simple citoyen qui se dispenserait de soulager son prochain pauvre sous prétexte que la solution définitive est politique et qui se contenterait de rêver pour demain un monde plus heureux à travers ses belles constructions théoriques, celui-là manquerait de charité, il couvrirait son égoïsme réel de généreuses utopies.

Au demeurant, l'action d'ensemble de l'homme politique part du même mouvement d'amour qui pousse le particulier charitable à soulager « pauvrement les pauvres » (c'est-à-dire chacun selon son pouvoir).

Qu'est-ce qu'une loi juste, en effet, sinon l'acte de charité du politique ? Entrons même en utopie : imaginons un Occident se résolvant à ne plus préparer la guerre, génératrice de tant de maux. Alors, comme dans les pays neutres actuellement, telles la Suisse ou la Suède, les hommes ayant faim et froid seraient chez nous une infime minorité. Le devoir de charité aurait-il disparu pour autant ? Point du tout. Non seulement parce que les maladies incurables ne seront pas vaincues et que la mort avide fera toujours sur terre son fatal office, mais aussi parce que subsisteront toutes les douleurs du cœur et de l'esprit. Or la charité seule cherche le bien de l'homme intégral. Aucun bureau ne donnera jamais la compagnie consolatrice ou le conseil lumineux. Si la justice organise harmonieusement des ensembles où chacun des éléments est considéré et respecté comme une exigence de droits anonymes, l'amour, qui cherche l'union des personnes originales, présuppose la justice et la dépasse. On aperçoit ici l'erreur meurtrière de ceux qui réduisant l'homme à deux dimensions, cosmique et sociale, imaginent faire son bonheur en aménageant la terre et la société. L'homme est infiniment plus qu'un travailleur et qu'un citoyen ; il appartient non seulement à la terre et à l'État ; il est un esprit qui a une destinée propre, une fin qui dépasse le temps. Aborder donc charitablement un homme dans la condition de pauvreté, c'est vouloir servir en lui ce qu'il a de meilleur.

### *Notre idéal de serviteur*

*Si Gabriel Rosset a su s'entourer d'un si grand nombre de bénévoles, c'est que, comme le dira un de ses anciens élèves, il a su leur « communiquer le feu intérieur qui le brûlait ».*

La qualité suprême du serviteur est d'aimer son maître. Or au Foyer le Maître c'est Dieu. Le bon serviteur « a toujours les yeux fixés sur les mains de son maître » et va au-devant de ses moindres désirs parce qu'il l'aime : et c'est la foi qui conduit à l'Amour, car elle montre dans les pauvres gens les membres souffrants de Notre Seigneur Jésus Christ. Ce sont eux nos maîtres et seigneurs. Nous croyons que c'est à Jésus lui-même que nous donnons à manger et à boire, que c'est lui que nous vêtons et que nous accueillons au Foyer. Nous le croyons parce qu'il l'a dit (et non parce qu'ils nous paraissent sympathiques et pitoyables).

Demandons à Notre-Dame la foi, et nous trouverons au Foyer peut-être plus qu'ailleurs Celui que toute soif réclame!

*Le témoignage d'un bénévole en service au Foyer depuis douze ans illustre bien la confiance que Gabriel Rosset avait en chacun d'eux, et l'esprit dans lequel se déroule le travail :*

*« Animé du désir de soulager la misère des sans-logis, Gabriel Rosset l'était aussi de celui d'aider toute personne de bonne volonté à grandir dans la vie spirituelle. Il était ainsi à la source d'un double courant qui veut que les "serviteurs" reçoivent autant que les "servis".*

*« Il savait découvrir ou éveiller, puis conforter, cette vocation au bénévolat. Il n'hésitait pas à mettre à l'épreuve le nouveau bénévole, lui confiant les travaux les plus humbles, les plus ingrats; mais il était là comme témoin, son rayonnement nous invitait à nous dépasser, à essayer de le suivre sur le chemin du dépouillement et nous apprenions ainsi, comme le disait Antoine Martel, qu'il y a "plus de bonheur à donner qu'à recevoir ou à garder", et que "Dieu ne peut pas pénétrer dans nos existences sans les enrichir, sans les*

*transformer". Le moyen proposé était la prière, il nous faisait découvrir à ses côtés la prière communautaire : lecture de l'office, chapelet. Aucun respect humain ne le retenait : lorsque l'heure était là, toute personne présente était invitée à le suivre à la chapelle ou autour des paniers qu'il tressait tout en récitant le chapelet : "Dans le travail manuel et la prière récitée en commun, l'esprit trouve son repos" disait-il. En fait, homme de prière, il nous aidait à prier.* »

### *La charité seule cherche le bien de l'homme intégral*

La charité ne consiste pas dans la distribution d'un peu d'argent, d'un morceau de pain, d'un vêtement à quelqu'un qui en a besoin.

Voir la charité dans un tel geste, c'est rapetisser, aplanir, réduire presque à rien la chose la plus grande et la plus utile qui soit au monde.

Non, la charité n'est ni une réparation (dérisoire) ni un remède (inefficace) de l'injustice dans la distribution des biens. La charité est un lien entre les hommes. Elle est ce qui nous unit mystérieusement et fait de l'humanité un grand corps vivant. Il faut mettre la charité non à l'extérieur, dans les biens matériels, la piécette, la soupe, le manteau, mais dans l'intérieur, dans le cœur de l'homme. Elle est l'aptitude la plus haute que nous ayons à découvrir en tout homme un frère. Elle est une grâce qui nous soulève et combat la pesanteur qui tend à nous séparer des autres. Si la charité aime à donner, c'est qu'elle est elle-même un don de Dieu, source de tous dons. Le don matériel n'est qu'une conséquence de son Amour et de notre amour.

La plus grande misère de notre époque, c'est qu'elle ne croit plus à l'amour. Jamais les hommes n'ont été plus divisés qu'aujourd'hui. Jamais les liens les plus sacrés n'ont paru aussi fragiles. Un individualisme féroce, la dépersonnalisation, la lutte des classes, le conflit des générations font des ravages. Antoine Martel avait compris qu'ils venaient d'un affaiblissement de la charité (qui fait pour ainsi dire circuler le sang dans le corps de l'humanité après avoir jailli de notre cœur). Sans elle le corps se refroidit et se décompose.

Des jeunes Focolari nous disaient récemment qu'ils voulaient retrouver cette qualité dans les relations sociales en vivant comme des frères prêts à donner leur vie les uns pour les autres et ainsi apporter au monde ce qui lui manque le plus. Partout on discute, on s'affronte, on n'a pas les mêmes idées. À y regarder de plus près, ce n'est pas parce qu'on ne s'entend pas qu'on se hait, qu'on se bat ou qu'on se sépare. C'est parce qu'on ne s'aime pas.

La charité est le lien fraternel qui s'établit entre celui qui aime et celui qui est aimé. Or nous sommes obligés de reconnaître que devant les autres et leur misère, nous sentons en nous un cœur de pierre.

Qui nous donnera ce cœur de chair? Dieu seul. C'est quand le lien de la charité est brisé sous nos yeux et que nous voyons les cruelles conséquences de cette rupture, c'est quand nous sommes profondément émus par la misère parfois atroce des victimes de ce manque de charité que nous devenons alors capables, par la grâce de Dieu, de les aimer.

Le Foyer est une œuvre de charité, non parce qu'il apporte à des hommes dans le besoin un soutien matériel, encore moins parce que ceux qui le dirigent sont charitables, mais parce qu'il leur a fait comprendre au contraire qu'ils ne sont pas assez charitables et qu'il les oblige à l'être davantage en vivant fraternellement avec ceux qu'ils reçoivent.

Nous ne pouvons guère faire justice à des malheureux à qui il manque de travailler dans leur propre pays ou de vivre en famille, mais nous pouvons leur donner gratuitement quelque chose de plus précieux encore, en vivant avec eux en paix et en amitié. On ne peut donner à chacun ce qu'il lui faut mais on peut lui donner davantage. Le défilé hallucinant des pauvres à notre permanence représente tant de besoins, nous pose tant de questions et de problèmes, qu'un peu de charité arrive toujours à se glisser dans leurs interstices. Beaucoup pensent faussement que la charité est nuisible à la justice. Ils ne voient en elle que condescendance, complaisance dans l'inégalité, contentement injustifié de l'amour-propre, vent et fumée, atmosphère irrespirable et étouffante, alors qu'elle est don de soi, air pur, rosée du ciel. Elle rend léger comme une plume ce qui est lourd comme du plomb. Elle fait flotter celui qui s'y abandonne au gré du flot des services et des besoins de chacun. Sans la charité de Jésus Christ, il serait impossible de regarder sans complexe les pauvres handicapés qui viennent au Foyer et les services insignifiants que nous arrivons, non sans peine, à leur rendre.

On y fait des expériences émouvantes. À mon retour, après une absence, un hôte me parle et me sourit comme si j'étais son meilleur ami : je découvre que je le suis en effet. Je comprends que je suis l'être qu'il connaît le mieux et le seul peut-être dont il soit personnellement connu dans notre ville, le seul dont il sache le nom et qui sache son nom. Perdu dans la foule des mille cinq cents hôtes de l'année, il y a, entre lui et moi, le lien frêle et mystérieux de la charité. C'est notre richesse ; le reste, les ressources, les logements, les concours actifs si nécessaires, nous viennent par surcroît. Et il en a toujours été ainsi dans les œuvres de charité.

# 2
# À LA DÉCOUVERTE DE LA MISÈRE

## *Une grande découverte*

*La tâche assumée au Foyer répondait à une nécessité immédiate et absolue. Mais le Foyer va constituer aussi un observatoire d'où l'on découvre progressivement la véritable étendue de la misère.*

Au Foyer, dès qu'il fut ouvert, nous fîmes une découverte, plus grande que la découverte de l'amour ou que la découverte scientifique ; c'est la découverte de la misère. Une chose est de savoir que des hommes couchent dehors faute d'argent, et autre chose de connaître un par un ceux qui sont dans ce cas. Tout de suite notre maison fut pleine de pauvres hères. Quand, en plus de ceux qui occupaient les lits, il y eut plus de cent hommes entassés à côté des lits, dessus et dessous les tables, sur les bancs, dans les couloirs, partout, il fallut se résigner à laisser des malheureux dehors par moins dix degrés. La même semaine en février, on trouva trois hommes dont deux Algériens morts de froid sous le pont Gallieni. Ils avaient marché toute la nuit, passé devant des centaines de portes. Pas une ne s'était ouverte... Alors, vers deux ou trois heures du matin, exténués, ils s'étaient allongés dans la charpente métallique d'un pont où le froid les avait changés en glace. Plus effrayante encore que cette fin tragique, nous apparut notre indifférence, notre cruelle inconscience.

Par la suite, il nous est arrivé avant minuit de faire une tournée sous les ponts et d'y trouver, recroquevillés dans leur manteau, des pauvres que nous emmenions. Nous voyions arriver le soir, en groupe, des Maghrébins qui avaient trouvé du travail mais pas de chambre et qui, deux nuits de suite, avaient marché dans les rues pour reprendre leur travail le lendemain.

Certains hôtes du Foyer, à la visite de propreté, montraient leur corps squelettique, couvert de pustules rouges et d'égratignures.

Quand je me représentais un à un ces hommes que je voyais chaque soir (ils ne risquaient pas de manquer à ce rendez-vous), je me sentais lié à eux par une nécessité, un lien (je crois que c'est ce que les mystiques, comme saint Paul, appellent charité). Penser qu'il dépendait de nous que ces hommes qui souffraient atrocement soient un peu, mais à coup sûr, soulagés, nous avait fait sortir de nos gonds. Devant leur misère et leur abandon, nous nous sentions responsables et nous cherchions par tous les moyens à assumer cette responsabilité envers les sans-abri. Tout ce que nous entreprenions dans ce sens réussissait ; dans la lumière de l'Évangile, nous comprenions qu'il fallait continuer.

Cette lumière, nous la trouvions non seulement en

nous, mais en tous nos amis qui venaient servir au Foyer. Des hommes âgés avaient cherché, puis trouvé chez nous une activité qui leur convenait. « Je ne peux vous dire combien je suis heureux de venir travailler ici. Ma vie a pris un sens. »

De même, le lendemain de l'ouverture du Foyer, un jeune étudiant scout se présentait : « J'en ai assez de faire des méditations sur l'amour des pauvres, je veux passer aux actes : voulez-vous de moi ? »

Par leur regard, leur voix, leur allégresse, ils chantaient leur « Nunc Dimittis ». Parce qu'ils avaient pris à pleines mains une tâche utile aux sans-abri, ils avaient reçu, comme Siméon, Jésus dans leurs bras.

### *L'auberge de la dernière chance*

Hirsutes, malpropres, les vêtements fripés ou en guenilles, la mine patibulaire, ils ne nous paraissent guère engageants, guère rassurants si nous ne portons sur eux qu'un regard distrait et superficiel. Mais regardons-les mieux, « on ne voit bien qu'avec le cœur ». Mettons-nous à leur place : loin de leur famille et de leur pays, ou pis encore, n'ayant plus rien ni personne, épuisés, découragés, honteux, ils sont très malheureux…

Vous et moi, après une maladie, nous prenons des précautions. Eux n'en ont guère les moyens. Vous et moi, quand nous sommes le soir un peu fatigués, nous nous hâtons de rentrer à la maison pour nous reposer. Mais eux qui sont pourtant nos frères, après une journée harassante de manœuvre ou de terrassier, si nous ne leur ouvrons notre porte, ils passeront leur nuit sur leurs jambes, au froid, dans la rue, sans pouvoir étendre seulement quelques heures leur corps fourbu, avant de reprendre leur travail du lendemain.

Ici, chaque soir, on est submergé par le nombre des malheureux qui nous découvrent, au-delà de leur misère, la misère du monde. Derrière les Nord-Africains et les Noirs qui viennent travailler chez nous poussés par la faim, nous voyons tous ceux qui, eux, ne peuvent pas venir, des contrées de Centre Afrique, de l'Amérique du Sud, de l'immense Asie, de ces régions de l'Inde où des enfants grandissent sans satisfaire un seul jour leur besoin de manger à leur faim et qui mourront d'épuisement avant l'âge. Sait-on que dans certains pays la durée moyenne de la vie est de vingt-sept ans !

Dans les éclopés nous reconnaissons des invalides, d'anciens légionnaires d'Indochine et d'Algérie, de pauvres débris de « la guerre, fruit de la haine » qui continue à ravager des pays comme le Vietnam. D'autres malheureux portent dans leur chair la morsure d'une maladie qui ne les lâchera pas. Que de misères, que de maux qui nous paraissent plus effrayants encore, quand nous découvrons à leur origine des vices comme l'alcoolisme, l'immoralité, la haine, la cupidité et l'égoïsme des privilégiés dont le luxe et l'appétit de jouissance sont cultivés dès l'enfance par des livres, des films et des chansons, des modes qui bafouent la morale.

Si, pour atteindre le mal dans son étendue, il faut de grands moyens comme une coopération mondiale en faveur des pays sous-développés, une organisation internationale pour la paix, une lutte générale contre la maladie et l'analphabétisme, il faut pour la déraciner dans ses profondeurs des contacts d'homme à homme, afin de relever un à un ceux qui sont la proie du mal, en passant par leur volonté et leur liberté.

Quand je lis dans un récit dont l'authenticité est garantie par des témoins dignes de foi que saint Vincent de Paul, ayant été appelé après la Fronde par la ville de Chalon envahie par quatre cents mendiants, réussit en six mois à les relever et à leur mettre en mains le moyen de gagner leur vie, mon cœur bondit et j'envie monsieur Vincent. Nous voudrions connaître son secret. Et comme nous souhaitons que Dieu fasse naître, pour aller dans les bidonvilles de Paris ou de New York, dans les favelles de Buenos Aires et dans les villes de l'Inde, d'autres saint Vincent de Paul !

Quand nous nous trouvons parmi les pauvres hères dont la faiblesse physiologique et morale est encore aggravée par la maladie qui les mine et l'âge qui pèse sur leurs épaules, ce qui compte ce n'est pas ce que nous faisons pour eux, mais c'est d'être au milieu d'eux, de partager leur vie, et cela en supportant de leur part quelque incommodité. Si nous ne pouvons guère espérer les transformer, nous pouvons du moins nous transformer nous-mêmes, et suivre, oh de très loin, à petits pas, cet homme bon et ce géant de la charité que fut saint Vincent de Paul.

Le service des pauvres au Foyer ou ailleurs, c'est avant tout un contact, une présence et avec elle une pensée vécue et vivante de l'unité et de la fraternité humaines. Même si nous avons l'impression d'être désarmés, impuissants devant la misère, il est important de vivre au milieu des pauvres et ainsi de penser davantage à eux.

D'abord parce qu'ils nous font sortir de notre égoïsme. Que de fois nous les avons vus, d'un geste qui leur paraissait naturel, donner le peu qui leur restait, avec une spontanéité, une générosité, un oubli de soi total. Certains font preuve dans des circonstances très difficiles d'une douceur, d'une résignation, d'un abandon et, pour tout dire, d'une charité auprès de laquelle nos entreprises et nos discours sur ce thème font pâle figure.

Mais surtout si, en venant au milieu des pauvres, nous avons dans l'âme un peu d'espérance et de foi, comment ne serions-nous pas assurés qu'à tous leurs maux il y a un remède, il y a une guérison ? Et que ce remède et cette guérison c'est quelqu'un, quelqu'un qui habite en nous, – telle est notre foi – quelqu'un donc que nous apportons aux malheureux sans-abri, en venant tout simplement partager leur soirée et veiller sur leur nuit de repos.

Ainsi dans cette auberge de la dernière chance, placée sous la garde de Notre-Dame des Sans-Abri, pour certains d'entre eux et d'entre nous et nous l'espérons pour beaucoup, commencera petitement mais sûrement une vie meilleure.

## *À la lumière de l'Évangile*

*Cette découverte de la misère est aussi la découverte de la présence de Dieu en chacun, particulièrement en celui qui souffre. Ainsi, cette première expérience apprend-elle à entrer en contact avec les malheureux de la manière qui convient à un chrétien.*

Le Foyer nous fait aussi entrer dans le mystère de la Visitation. Quand après avoir prié, communié, nous avons Jésus en nous, et qu'obéissant à une bonne inspiration nous allons comme Marie, en hâte, visiter un malade, une personne âgée ou nous affairer pour recevoir les pauvres en leur offrant la soupe et un lit, quand nous nous occupons de ce qui est nécessaire pour qu'une famille ait un logement, et qu'en faisant tout cela nous restons recueillis, Jésus, présent en nous, communique mystérieusement avec lui-même, présent dans les pauvres que nous servons ; alors ce qu'ils ont de meilleur en eux s'éveille et tressaille comme lorsqu'Élisabeth a été saluée et visitée par Marie. Pourquoi n'entrons-nous pas plus souvent dans ce mystère ? Sa grâce est pour nous.

Mais la scène de l'Évangile qui nous a le plus éclairés est le Jugement dernier dans saint Matthieu. Nous y entendions Jésus murmurer dans notre cœur : « J'étais sans abri, étranger, prisonnier, j'avais faim, j'étais nu » et nous donner l'espoir d'entendre : « et vous m'avez recueilli » et de ne pas entendre : « et vous ne m'avez pas recueilli ». Cette joie qui venait de lui (qui s'est identifié aux pauvres), elle nous éclairait, nous poussait au travail, élargissait la marge si étroite de notre liberté d'action devant des cas presque insolubles. C'est lui qu'on nous demandait d'accueillir. C'est lui que nous risquions de refuser. Et je suis sûr que la même joie était donnée à nos amis de plus en plus nombreux qui soutenaient notre action de leurs dons et de leurs prières.

### *Aborder un pauvre*

Rencontrer dans la rue un pauvre amaigri et hirsute, déguenillé et grelottant, un soir d'hiver quand on rentre chez soi pour manger et dormir, et réaliser, en un éclair, qu'on peut avoir froid atrocement, jusqu'à en mourir, qu'on peut être tenaillé par la faim et qu'actuellement dans le monde des millions d'hommes et d'enfants sont soumis à la même lancinante torture...

Une fois sa journée de travail terminée, chacun se hâte donc de rentrer chez soi pour manger, se reposer, dormir à l'abri, bien au chaud. C'est si naturel! Mais ce pauvre, cet infirme qu'on vient de croiser dans la rue, lui, il n'a pas d'abri. Ni ce travailleur étranger qui a tout de suite trouvé du travail mais qui n'arrive pas à trouver une chambre. Il suffit de penser à eux en entrant le soir dans son « chez soi » bien chauffé et éclairé pour sentir, comme une morsure, le regret de n'avoir pas abordé le pauvre sans-abri qu'on vient de rencontrer.

Or en venant servir le soir et la nuit au Foyer Notre-Dame des Sans-Abri, nous aborderons non pas un mais vingt, cent pauvres sans-abri. Ils s'y rassemblent d'eux-mêmes, ils y arrivent en rangs serrés, tous les soirs très nombreux, si nombreux que nous craignons de ne pas pouvoir les accueillir. Nous avons besoin de beaucoup de monde pour continuer cet accueil, agrandir le Foyer, ouvrir des annexes.

Et si quelqu'un ne peut pas venir au Foyer, à cause de la distance ou d'un autre obstacle, il entrera quand même dans l'équipe en lui donnant sa prière, en lui envoyant un don.

Le cardinal Gerlier, quand il vint visiter le Foyer Notre-Dame des Sans-Abri, s'écria ému : « Ici on est en plein Évangile! » Y pensons-nous assez?

Nous venons inscrire des « passagers », distribuer des vêtements, servir la soupe, veiller la nuit? Mais la valeur de ces gestes dépend de leur contenu, de la vie intérieure qui les anime. Celui qui aide le plus les pauvres, c'est celui qui, même privé de moyens, même cloué sur son lit de malade ou atteint par l'âge, les aime en Jésus Christ. Tout est dans l'intention, dans la foi et l'amour que nous mettons dans nos actions.

Un président des Œuvres françaises de Saint-Vincent-de-Paul nous disait un jour : « Avant d'aller visiter un pauvre, demandez-vous si vous êtes capables de vous offrir pour lui par la prière et par le sacrifice. »

Commencer par donner son temps, son argent et finir par se donner soi-même – de tout son cœur, de toute son âme – aux pauvres sans-abri qu'on aborde dans ce Foyer qui les rassemble est, il faut que nous en prenions conscience, un acte divin. D'abord parce que c'est Dieu qui nous le commande, ensuite parce que nous ne pouvons aider les pauvres comme il faut qu'avec Dieu et qu'il ne saurait nous refuser son appui. Enfin parce que Jésus Christ s'est identifié aux pauvres et qu'en leur donnant l'hospitalité, c'est lui-même que nous recevons.

Toute joie ne va pas sans crainte. Dans le plus déshérité des pauvres, il y a une personne humaine avec sa dignité de créature de Dieu, rachetée par Jésus Christ ; mais il y a aussi le Bien et le Mal qui passent par lui, le Bien que nous devons protéger, encourager, fortifier ; le Mal qu'il nous faut avoir en horreur, combattre de toutes nos forces. Tâche surhumaine entreprise par le Sauveur du monde en chacun de nous et que doivent poursuivre, sans relâche, avec lui, tous ceux qui veulent être ses disciples.

Aborder un pauvre, pour avoir ensuite partie liée avec

lui, c'est lui donner le droit de nous dire un jour : « C'est de ta faute si je suis malheureux car je n'ai pas reçu de toi ce que j'en attendais. » Il faudra accepter ce reproche et porter cette Croix en essayant, avec Jésus Christ, par la prière et le sacrifice, d'aider davantage ce pauvre à porter son fardeau.

### *Notre-Dame des Sans-Abri*

*Enfin, découvrir la misère, c'est découvrir notre propre impuissance qui nous pousse à tout remettre entre les mains de Dieu et de Marie, dans la prière.*

Bernard, étudiant en droit, scout routier, après avoir entendu une méditation sur l'amour des pauvres en Jésus Christ, voulut mettre en pratique ce qu'il avait entendu. Il demanda une chambre au foyer pour vivre au milieu des malheureux et leur rendre service…

… Et un soir qu'il y avait eu des propos d'ivrognes, des cris, de la bagarre, une intervention de la police, je sentais Bernard écœuré, au bord des larmes. Comme nous nous étions retrouvés, après le couvre-feu, pour prier, après un moment de lourd silence, jaillit des lèvres du jeune homme cette supplication : Notre-Dame des Sans-Abri, priez pour nous ! Ce cri déchirant fut un trait de lumière. Chaque fois qu'en face d'une misère le cœur nous manque, chaque fois que nous prennent le découragement et l'angoisse, il nous faut comme Bernard confesser notre faiblesse, notre crainte et appeler à notre secours, comme un enfant, la Vierge Marie. Il faut que nous nous souvenions qu'elle compatit à toutes nos misères, qu'elle est toute bonne et toute-puissante, qu'elle est le salut de tous ceux qui souffrent. Quand nous rencontrons une épave humaine, un homme qui nous paraît si abîmé que nous renonçons à l'aider et sommes tentés de nous détourner de lui avec une indicible répugnance : Notre-Dame des Sans-Abri, protégez-le, sauvez-le, guérissez-le.

# 3
# UN APPEL À TOUS : COMITÉ ABBÉ PIERRE

***La crise du logement***
***Appel aux amis et à tous les Lyonnais***

*Après trois ans de fonctionnement du Foyer, Gabriel Rosset, qui en assume désormais avec l'assentiment de tous ses collaborateurs la responsabilité et la direction, prend conscience de la nécessité d'élargir considérablement – et sans se fixer de limites – le terrain d'action de l'œuvre primitive.*

*Il attribuera plus tard le tournant qui est pris alors à l'exemple donné sur le plan national par l'apôtre des mal logés, l'abbé Pierre : à la suite d'une conférence retentissante faite à Lyon le 13 mars et de longs entretiens avec ce précurseur, il suscite la fondation d'un* Comité abbé Pierre de secours d'urgence aux sans-abri, *parallèle à l'Association du Foyer, avec un programme de construction ou de rénovation de locaux destinés à loger décemment les habitants des misérables bidonvilles des grandes cités. Ainsi, il tire la leçon de l'expérience déjà faite, qui met en relief l'insuffisance tragique de l'Asile de nuit par rapport aux besoins, les maisons d'accueil existantes n'ayant plus une place disponible et laissant dehors des hommes exposés à mourir de froid.*

Quand le 24 décembre 1950, nous avons ouvert le Foyer Notre-Dame des Sans-Abri, nous étions loin de soupçonner les faits dont nous allions être chaque jour les témoins. Ce fut, en effet, tout de suite une ruée sauvage contre la porte de l'Asile de nuit.

Depuis, le Foyer de la rue Dumoulin s'est agrandi et des événements comme ceux de cette semaine de janvier 1953, où en trois jours trois hommes ont été trouvés morts de froid, ne se sont pas renouvelés, du moins à Lyon. Mais laissez-moi vous dire qu'il y a encore des nuits glaciales où l'asile municipal, l'Armée du Salut, le Foyer Notre-Dame des Sans-Abri et ses annexes n'ont pas une seule place et où des hommes en sont réduits à coucher dehors.

Le Foyer dispose, même avec ses annexes d'hiver, d'un nombre de places encore très insuffisant. Le nombre des demandes qu'il reçoit chaque jour ne cesse de croître sous l'effet conjugué de la crise du logement et de l'afflux des Nord-Africains. Il faudrait qu'il s'agrandisse encore, mais où trouver les ressources? Il n'en a d'autres que la charité de ses amis. Grâce à elle et malgré les lourdes charges, le Foyer a pu ouvrir un asile pour femmes, 79 rue E. Pons à Lyon, et, en liaison avec le Comité de secours d'urgence aux sans-logis, plusieurs maisons d'accueil pour familles sans abri.

« Je vous donnerai un cœur de chair. »

La misère de ces familles a été pour nous une découverte plus bouleversante encore que celle des isolés. Elle a commencé avec la visite de l'abbé Pierre au Foyer, le 13 mars 1954. Ce que nous avons vu, depuis, est hallucinant. Comment donner une idée de cette chambre glaciale sans gaine, donc inchauffable, avec une fenêtre au nord aveuglée à un mètre à peine par un mur de soutènement ; les murs, les matelas, les vêtements sont couverts de moisissure ; là vit un jeune foyer, le père petit fonctionnaire, deux enfants toujours malades. Ou de ce taudis où vit la famille d'un aide boulanger, père de sept enfants dont il n'en reste que quatre (trois sont morts dans ce logement). Le médecin, après avoir attribué à l'insalubrité du lieu la mort du dernier, écrit indigné : « taudis à ne pas faire visiter à des étrangers pour le respect de l'amour-propre français ». Ou de cet hôtel meublé dont tous les jeunes ménages sont partis un à un parce qu'il est devenu mal famé et dans lequel reste une femme avec quatre enfants (mari à l'hôpital), le médecin vient nous supplier de lui trouver un logement. Ou de ce jeune foyer avec enfant, logé dans une salle de bains dont on a retiré la baignoire grâce à la complaisance du logeur que les pauvres gens, aux abois, remercient de sa gentillesse ! Ou de cette bicoque prête à crouler contre laquelle a été pris un arrêté de péril. Comme elle est sur un terrain appartenant à une compagnie de navigation, l'ingénieur du contentieux est allé la voir. Il me dessine de la main la courbe du mur prêt à crouler : « Dix personnes, dont huit enfants, sont en danger sous ce toit. Depuis que je sais cela je ne dors plus, mais où faut-il les mettre ? » Ou de cette mère de famille qui habite avec ses deux enfants une pièce de 9 m$^2$ dont le plancher risque de s'effondrer. Il pleut dans la pièce et la gaine de cheminée est fissurée, irréparable. Il faut évacuer la bicoque sans tarder. La maman nous montre l'aîné de ses enfants, le petit Paul, quatre ans, au teint plombé : « Il était beau, mon petit, me dit-elle avec des larmes dans la voix, mais il a pris froid à la maison : il sort de l'hôpital, mon dernier ne va pas bien non plus. Trouvez-moi une petite pièce, n'importe quoi, sauvez mes petits, où devons-nous aller ? » Avons-nous le droit de laisser une pareille question sans réponse ?

Devant des centaines de cas analogues, pouvons-nous nous contenter de dire : pas de solution, car il y a toujours une solution, il n'y a pas de solution acceptable, il y a toujours une solution de fait : la dislocation de la famille, le désespoir des parents, etc. Allons-nous assister impassibles à ce nouveau massacre des innocents ?

Chers amis qui lisez ces lignes, je vous en conjure, aidez-nous à secourir ces poignantes détresses. Quand je parle aux « sans-abri » (hommes seuls à la rue) de ces femmes, de ces enfants, de la torture morale des hommes qui en ont la charge, les malheureux que nous hébergeons disent : quand on est seul dans la misère, on s'en tire toujours, et ils tirent de leur poche leur dernier billet pour aider les familles sans logis, ou ils mettent leurs bras à notre disposition comme les chiffonniers d'Emmaüs. Et vous aussi, je vous en supplie, aidez-nous :

– Soit en nous aidant à reloger des malheureux : si vous avez des ressources, au lieu de viser à l'achat d'un bijou, d'une fourrure, d'un appareil ou d'un engin de luxe, d'un plaisir dispendieux et fugitif, centrez votre intérêt sur l'achat d'un terrain, la construction d'une maison dans laquelle vous logerez une famille honnête et laborieuse. Le cœur d'une maman, la santé d'un enfant, est-ce que cela n'a pas au moins autant de valeur qu'un objet d'art ou un morceau de métal ?

– Donnez-nous des matériaux de construction, des moyens de transport, donnez-nous vos bras et vos cœurs. Il faut à tout prix et de toute urgence ouvrir une maison qui puisse accueillir provisoirement des familles qui n'ont pas de toit sur la tête et qui vivent entassées comme des bêtes, pire que des bêtes, dans des cabanes, des caves immondes, taudis infestés de vermine.

– Aidez-nous, par vos dons, à vite aménager le local que nous venons d'acheter. Nous pouvons aménager aussi deux grandes maisons dans un grand parc de trois hectares où nous pourrions faire des baraquements et des logements d'urgence cet été.

– Un moyen de trouver des ressources est de vider les greniers et les caves de chiffons, vieux métaux... On pourrait tirer des millions d'une opération de grande envergure organisée sur place, dans chaque secteur, par des volontaires.

– Un autre moyen d'aboutir au relogement de familles en détresse est de vous joindre aux amis du Foyer qui ont pris en charge la construction de logements d'urgence sur un lotissement de Caluire. Il faut des fonds, des matériaux, de la main-d'œuvre bénévole.

– Trouvez-nous des locaux. Prenez tous les renseignements voulus, poussez l'affaire et ne venez nous la proposer que lorsque les démarches ont abouti car nous sommes débordés.

– Proposez-nous des terrains sur lesquels nous pourrons aménager cet été des baraques confortables.

– Répondez-nous vite et en grand nombre à l'appel de Notre-Dame des Sans-Abri.

Nous ne pouvons pas laisser sans secours des familles, des femmes, des enfants, dans une situation aussi affreuse.

*Mais prétendre remédier même partiellement à cette situation, était-ce possible du point de vue financier, administratif? N'était-ce pas se lancer dans un plan hasardé de constructions – en contradiction peut-être avec les projets de l'administration départementale ou les offices du logement?*

*Gabriel Rosset, placé devant sept cents dossiers qui avaient afflué au Comité abbé Pierre, n'était pas homme à attendre.*

« Quand on est sûr, *écrivait-il,* que le secours des gens en perdition ne peut venir d'ailleurs, on apporte ce que l'on peut, l'aide si limitée soit-elle… On fait un pas, et puis un pas… C'est toujours le même pas qu'on recommence [2]. Guillaumet expliquait ainsi à Saint-Exupéry comment il était arrivé à traverser les Andes. Nous avions à faire de même pour franchir les obstacles énormes qui

---

[2] On reconnaît dans cette phrase, que M. Rosset a souvent répétée, une citation de Saint-Exupéry, racontant « la plus belle des aventures » de son camarade, le pilote Guillaumet (*Terre des Hommes,* pp. 38-49).

Guillaumet, pris par la tempête pendant la traversée des Andes, réussit à poser son avion à 3 000 mètres d'altitude, au milieu d'un « désert de rocs, de glace et de neige ». Il décide de partir à pied à la recherche d'un refuge, dans l'attente d'un sauveteur. Il se met en marche. Après trois jours, parvenu, croit-il, à la limite de ses forces et ne voyant rien venir, il n'avance plus qu'en se contraignant en se répétant à chaque pause : « Ce qui sauve, c'est de faire un pas. Encore un pas. C'est toujours le même pas qu'on recommence… C'est ainsi qu'il put être aperçu par ses camarades et sauvé. Il disait après coup : « Ce que j'ai fait, je le jure, jamais aucune bête ne l'aurait fait… » Affirmation de ce que peut la volonté de l'homme dans des circonstances critiques et insurmontables à première vue qui exaltait Rosset.

s'opposaient à la construction par nos propres moyens des nombreuses maisons indispensables… (Mais) il s'agissait pour nous d'une obligation morale dictée par notre conscience, c'est-à-dire par la voix de Dieu. »

## *Nous devons nous appauvrir*

Il faut que nous prêtions aux besoins des pauvres une attention vigilante et passionnée, afin de leur permettre de vivre comme nous.

C'est à nous, n'en doutons pas, de nous inquiéter de procurer, aux malheureux qui manquent de tout, ce que nous avons en abondance : car telle est la volonté de Dieu, notre Père commun. Plus l'industrie humaine se développe, plus notre richesse collective s'accroît, plus ceux qui règlent la production, la circulation des richesses doivent avoir la hantise de ceux qui sont hors du circuit organisé. C'est avec ce souci, c'est dans cette intention que notre maison a été ouverte, afin que de plus pauvres que nous vivent parmi nous, et nous parmi eux, et que se réduise la distance qui nous sépare les uns des autres. Nous voulons que les pauvres qui arrivent au Foyer puissent satisfaire leur faim comme nous, que, comme nous, ils aient un lit, à l'abri et au chaud les nuits d'hiver, et qu'enfin ils trouvent dans notre maison des amis… Nous serons satisfaits quand, des deux termes « les pauvres et nous », le premier tendra à disparaître. Il faut que les pauvres vivent comme nous, soient, comme nous, détenteurs de biens essentiels, nécessaires à la vie. Ainsi le veulent la justice et la fraternité. C'est là le but que poursuivent toute politique sociale et tout effort charitable. Tout le monde peut être d'accord sur un tel programme d'action.

Une politique visant le relogement d'urgence des plus nécessiteux est nécessaire, mais elle n'est pas suffisante. De même que le grand nombre des sans-logis oblige une œuvre de charité à déboucher sur une action politique d'envergure, de même la profondeur du mal oblige l'action politique à avouer son impuissance et à recourir à la charité qui transforme les cœurs.

Nous devons nous appauvrir au service des pauvres. Pourquoi et comment ? Parce que la richesse est une illusion et que nous sommes, par notre nature, des pauvres destinés à nous appauvrir de plus en plus, c'est-à-dire à nous affaiblir, à vieillir et, en mourant, à perdre tout ce que nous avons. Il y a, dans notre condition de créature, une triple carence : d'Être, d'Avoir, et d'Amour, causée par le péché, dont nous aurons forcément à prendre conscience tout au long de notre existence.

Dieu même s'est fait pauvre pour venir parmi nous. Et en voici la raison : pour nous faire entrevoir la splendeur de sa richesse infinie, il n'a trouvé que ce moyen : se dépouiller de nos fausses richesses. Pour aller à Dieu, il faut être pauvre, car nous avons tout à recevoir de lui. Le reconnaître est la condition pour vivre en lui. Il faut être pauvre pour prier. Le Saint-Esprit est appelé le « Père des pauvres ».

Comment devenir pauvre ? Nous avons une répugnance extrême à nous dépouiller, à nous priver effectivement d'un bien, fût-ce d'un voyage, d'un livre, d'une voiture. Y renoncer nous paraît une imprudence, une folie, une mutilation, la privation stupide d'une chose dont dépendait notre bonheur.

La pauvreté est-elle donc cette « vertu à faire peur aux gens » que Montaigne aperçoit « sur un mont escarpé et inaccessible » ? Non, car il y a pour l'atteindre, la voie excellente entre toutes de la charité. Offrir ce qu'on possède à quelqu'un qu'on aime n'est pas coûteux : c'est au contraire une joie. Ainsi, on s'appauvrit sans s'en apercevoir.

Quand Antoine Martel est mort, il n'avait rien, ayant tout donné aux pauvres qu'il aimait. Il avait des arrangements avec son tailleur pour qu'il habille un pauvre chaque fois qu'il se commandait un costume. Son appartement était le refuge des anciens du sana à la recherche d'un travail et d'un logement. Il rêvait de petits groupes de chrétiens vivant en communauté et qui deviendraient des foyers de charité fraternelle. C'était là, pensait-il, le plus grand besoin de notre temps.

Jusqu'où ? Jusqu'à quel point et de quelle manière la charité nous conduira-t-elle à nous appauvrir ? Il est bien difficile, sans être indiscret, de donner des conseils dans ce domaine. C'est à chacun de suivre son inspiration. Il s'agit surtout d'un esprit à acquérir. Il est indispensable d'aimer les pauvres et de les faire aimer, en particulier des enfants.

Saint Clément d'Alexandrie nous rappelle que les richesses sont des outils. Il ne faut donc pas rejeter les biens susceptibles d'aider notre prochain. La nature des possessions est d'être possédées. Celle des biens est de répandre le bien et Dieu a destiné ces derniers au bien-être des hommes. Les biens sont entre nos mains comme des outils, des instruments dont on tire bon emploi si on sait les manier. Débarrassons-nous donc des possessions nuisibles, non de celles qui, bien utilisées, peuvent obliger les autres. Qu'elles sont précieuses, les richesses que l'on manie avec sagesse, sobriété, piété!

Dieu est Amour. Aimer c'est donner, c'est vouloir combler celui qu'on aime mais c'est aussi, dans un même mouvement, se rapprocher de lui, désirer devenir semblable à lui.

Plus encore que donner ce qu'on a à celui qu'on aime, plus encore que vouloir lui ressembler, aimer, c'est rencontrer, à condition d'aller jusqu'au bout du chemin dans lequel on s'engage, une réalité ou plutôt un être qui dépasse infiniment celui qui aime et celui qui est aimé : l'Être qui est la source et la faim de l'Amour, Dieu.

Il en est bien ainsi dans la réalité : celui qui cherche sérieusement à améliorer la condition des pauvres, comme celui qui, sincèrement, combat en soi la passion des richesses, qu'il s'agisse de richesses matérielles, intellectuelles ou sentimentales, rencontre, le premier parmi les pauvres qu'il sert, le second dans son cœur purifié, Jésus Christ, le Roi des pauvres.

Alors il n'y aura plus ni riches ni pauvres : il n'y aura plus que Jésus Christ en qui nous sommes tous des frères, comme dans les communautés de la primitive Église.

*Il s'engagea simultanément dans deux voies :*

*La première consistait à trouver, « en vidant ses poches et celles des amis de l'œuvre », les ressources financières et régulières indispensables. Pour cela, émouvoir les consciences, et sans cesse renouveler l'intérêt d'une ville renommée pour sa charité. Donc créer un lien entre tous ceux qui étaient ou pouvaient être associés à l'œuvre. D'où le lancement d'un bulletin, intitulé* l'Arche, *dont le premier numéro parut le 15 avril 1954.*

*Ce bulletin, bientôt devenu une vraie revue alimentée en grande partie par les articles et les exhortations où Gabriel Rosset donne la mesure de son talent d'humaniste chrétien, devait prendre un essor rapide jusqu'à tirer à dix mille exemplaires, expédiés non seulement à Lyon mais dans la plupart des départements français et même à l'étranger.*

*La seconde voie consistait à multiplier les achats d'immeubles qu'on pourrait rénover, de terrains où seraient au moins édifiés des chalets « de transit » pour dépanner rapidement les candidats à un HLM.*

*En attendant, ce qui suivit assez rapidement, de pouvoir construire en dur, avec les sans-abri eux-mêmes, avec des « compagnons bâtisseurs » bénévoles recrutés parmi les jeunes (étudiants en vacances)... Et d'émouvoir ainsi les pouvoirs publics, aux yeux desquels Gabriel Rosset faisait luire la perspective de la disparition des bidonvilles de la banlieue urbaine.*

## *Une nouvelle forme de la pauvreté*
## *La pauvreté du logement*

Depuis 30 ans, est apparue dans un pays prospère comme le nôtre, une nouvelle forme de pauvreté : la pauvreté du logement. Pourquoi? Parce qu'à la suite de transformations économiques entraînant la concentration urbaine et des migrations ouvrières, là où il y a des logements (dans les pays d'origine des migrants, dans les campagnes) il n'y a pas de travail rémunérateur, et que là où il y a du travail comme à Paris, à Lyon, dans les grands centres industriels, il n'y a pas de logements. Ainsi, le pauvre est forcément privé de la moitié qu'il lui faut pour vivre. Beaucoup optent pour le travail bien rémunéré. Nous les voyons arriver au Foyer avec une feuille de paie à la recherche d'un logement introuvable pendant des semaines, des mois, des années! En attendant ils se réfugient avec femmes et enfants dans une maison en démolition d'où ils seront bientôt chassés.

La pauvreté du logement entraîne les autres formes de la pauvreté. Elle ruine les familles sur tous les plans : celui des ressources matérielles, de la santé, de la moralité; elle menace la vie même des enfants. La pauvreté du logement est la plus cruelle, la plus dure de toutes, parce qu'elle est dans la perte d'un bien indispensable, essentiel, de première nécessité et, il ne faut pas l'oublier, de droit naturel. Elle est, plus que toute autre pauvreté, souverainement injuste, absurde, contre nature.

Chaque famille a besoin d'un logement pour s'abriter du froid, de la pluie, pour se reposer, pour se soigner, pour vivre en famille. C'est à la maison qu'on se retrouve, qu'on se parle, qu'on vit ensemble. C'est à la maison que les enfants reçoivent, avec l'éducation, la tendresse dont ils ont besoin et sans laquelle ils resteront toute leur vie des « mal aimés ». La maison nous défend contre les ennemis du dehors. Normalement on y respire l'ordre, la propreté, la beauté même. On s'y plaît.

Or il y a des logements si misérables qu'ils ne remplissent aucune des fonctions précédentes. On y a froid. Il y pleut. On ne peut pas s'y reposer ou s'y soigner, on y tombe malade au contraire. Les taudis que nous sommes appelés à visiter, au lieu de protéger et de réunir, poussent au contraire le mari au café, les enfants à la rue où ils sont la proie du mal. On y vit entassé, il s'y fait un tel vacarme, on s'y trouve si mal, tout est si dégoûtant et si laid, qu'au lieu de s'y plaire et de s'y reposer on se dispute, on se déteste, la vie est un enfer.

Beaucoup de travailleurs sociaux qui luttent contre les maladies et les misères s'estiment désarmés contre cette maladie sociale redoutable qu'est la pauvreté du logement. Tous sont convaincus que dans certains cas (nombre élevé d'enfants, modicité des ressources) il est impossible de s'en sortir. Contrairement à cette opinion trop courante, nous pensons qu'il serait relativement facile d'en sortir dans la plupart des cas et de faire quelque chose. Il y a, dans l'arsenal des lois et des décrets qui s'enrichit tous les jours, des armes dont on ne se sert pas assez. Il y a des textes législatifs qu'on n'applique pas ; il y a des crédits qu'on n'utilise pas ! Quelle honte pour nous tous !

Car le principal obstacle, c'est le manque d'initiative, c'est notre inertie.

# 4
# 1954-1974
# LE RELOGEMENT DES FAMILLES

## *Misère des familles sans-logis*

Pendant les hivers rigoureux de 1954 et de 1956, l'appel pathétique de l'abbé Pierre pour les enfants en danger de mort retentit dans les cœurs de tous les Français. Nous avons décidé alors d'ouvrir une permanence les samedis après-midi où des bénévoles vinrent recevoir les familles en détresse faute d'un logement. Voilà vingt ans que cette permanence fonctionne régulièrement et donne la parole à la misère sans voix des mal logés.

Une nuit d'hiver en 1954 où nous étions allés porter des couvertures, faute de mieux, dans les bidonvilles de Gerland, j'ai vu dans la carcasse d'un car une famille et des enfants grelottant autour d'une salamandre alimentée par un petit tas de charbon sur le plancher du car mais on gelait comme dehors, les vitres étant tapissées de glaçons. Le bidonville de la rue du Rhône groupait vingt-cinq familles.

Ces tableaux hallucinants nous poursuivaient jour et

nuit, nous tenaillaient le cœur. Rue Palendre, toujours à Gerland, de vieux trams délabrés étaient alignés sur le bord de la route. Chacun abritait une famille. Vivant dans les immondices, les habitants de tous ces bidonvilles étaient obligés d'aller chercher un peu d'eau à plusieurs centaines de mètres.

Dans certains quartiers de la ville, la misère cachée des familles sans logis n'était pas moindre. Une nuit de l'année 1956, M^me^ Massenet, préfète, demanda aux commissaires de quartier de fouiller les caves de certaines rues. Le lendemain, je rencontrai le commissaire de la Place Jean-Macé qui me posa cette question :

– Combien pensez-vous que nous avons trouvé de sans-abri, cette nuit, dans la seule rue Montesquieu ?

Je répondis :

– Une dizaine.

– Détrompez-vous, plus de cent !

Parmi les familles que nous avons pu reloger dans des logements sommaires de première nécessité (chalets de bois ou appartements dans de vieux immeubles) certaines nous ont laissé un souvenir précis. Nous avions trouvé la famille P... et son enfant dans un vieux tram de la zone Féliza. J'eus la bonne inspiration de dire à M. et M^me^ P... : « Trouvez un petit terrain et en un mois nous vous bâtissons un chalet. » Trois jours après, je vis arriver M. P. : « J'ai eu un jardin à Brignais par mon beau-père. » Pour 10 000 anciens francs il y fit transporter son tram par un semi-remorque armé d'une grue. Puis, sur place, il participa à la construction de son logement. Un mois après, la famille habitait dans le chalet qu'elle améliora d'année en année. Longtemps elle s'est servie du tram caché derrière le chalet comme cabane de jardin. Cette famille que nous avions connue angoissée, menacée, condamnée était dans la paix.

D'aussi bons résultats nous poussèrent à construire beaucoup de chalets, trente-deux d'un seul coup, la cité des Chalets (Salagnac) sur un terrain concédé par le Conseil général, route de Crémieu, à Vaulx-en-Velin.

## *Une action d'envergure*

Aussitôt que nous avons commencé à construire des logements sommaires, tous ceux qui avaient affaire à ces familles en détresse se tournaient vers nous qui avions eu l'audace de prendre pour but statutaire de notre Association « procurer un toit à ceux qui manquaient de ressources pour trouver une chambre ou un logement ». Pour les célibataires, c'était commencé. Pour les familles, il fallait faire quelque chose d'aussi sérieux.

La première réalisation, qui nous paraissait alors fantastique, était de trouver 10 millions d'anciens francs pour reloger quatre ou cinq familles. C'était le premier pas que nous avions à faire. Mais dès que nous eûmes relogé quelques familles, d'autres le surent, crurent au miracle, vinrent nous persuader que nous pouvions faire pour elles la même chose. C'est à travers les supplications et les larmes d'une foule de sans-abri qui venaient à notre permanence, chaque samedi, que nous avons entendu la voix de Dieu et senti l'obligation d'entreprendre peu à peu une action d'envergure.

Nous sentions aussi la sollicitude maternelle de Notre-Dame pour les familles sans-abri. C'est pour elle que nous avons organisé les chantiers Notre-Dame des Sans-Abri.

Des travailleurs bénévoles, jeunes volontaires et sans-abri, ont toujours afflué sur ces chantiers. Des hommes, au lieu de se traîner dans la rue à ne rien faire, nous offraient leurs bras, au pair, en attendant de trouver un travail rémunéré. Depuis vingt ans ils ont fait démarrer de nombreux chantiers, leur ont apporté ensuite leur concours, remplaçant des manquants, parant aux imprévus, apportant du renfort pour la construction et surtout pour l'entretien.

Nous avons compris après coup qu'ayant apporté leur pierre et leur travail à l'édification et à l'entretien de nos cités de transit, un imposant équilibre de justice distributive s'établissait sous nos yeux, les familles contribuant à leur tour par le versement de leur loyer à couvrir les frais de fonctionnement de notre asile de nuit, à accueillir sans cesse de nouveaux malheureux et à assurer la pérennité de ce centre d'accueil.

La relève des jeunes s'est faite pendant les vacances (deux cents en moyenne chaque année). Notons que des ouvriers du bâtiment que nous avions aidés à construire une maison pour leur famille sont venus ensuite nous aider à faire des logements pour d'autres. Enfin les pouvoirs publics, après avoir constaté les résultats de notre aide aux sans-logis et mal logés, nous ont apporté leur concours.

*La grâce de ne pas rester indifférent à la misère des mal logés exige, aussitôt reçue, un acte de foi*

« Si nous avions la foi comme un grain de sénevé... »

Maintenant que nous connaissons la détresse des sans-logis dans toute son étendue, prions le Seigneur de nous toucher du dedans, comme il nous a touchés de dehors. Puisse-t-il réaliser en nous la promesse qu'il a faite à ceux qu'il aime, par la bouche du prophète Isaïe, et que nous lisons dans l'office de la quatrième semaine de Carême : « J'ôterai de votre chair votre cœur de pierre et je vous donnerai un cœur de chair. »

La foi ne consiste pas à se boucher les yeux. Au contraire, elle rend la vue plus pénétrante, accroît l'intelligence et la volonté, elle demande donc d'ouvrir les yeux tout grands et de regarder la réalité bien en face. Nos moyens sont insignifiants. Le but à atteindre dépasse infiniment nos forces. Quand André est venu dire au Seigneur qu'il y avait dans la foule des hommes qui avaient faim et un enfant qui offrait cinq pains et deux poissons, il eut le mérite de mesurer la disproportion des ressources et des besoins :

– Mais qu'est-ce que cela pour tant de monde?

Faisons de même. Il s'agit, en effet, de donner un toit à plusieurs centaines de familles. Or, nos moyens sont limités. À supposer que chacun donne encore autant qu'il a donné, il restera un véritable abîme à combler entre les ressources ainsi réunies et les besoins auxquels nous avons à faire face.

C'est ici qu'intervient la foi qui nous dit d'être généreux et de compter sur Dieu, de ne pas mesurer notre effort sur nos moyens, mais sur les besoins pour lesquels l'œuvre dont nous sommes chargés a été fondée. Avec la simplicité d'un enfant, il faut faire ce qu'on peut. Parce que l'enfant de l'Évangile a su offrir le peu qu'il avait, avec cinq pains et deux poissons, le Seigneur a nourri quatre mille hommes. C'était plus difficile que de trouver des ressources pour faire quatre ou cinq cents chalets. Il faut abattre le mur que nous mettons comme séparation entre notre budget personnel et la part des œuvres. Après avoir prévu ce qui est nécessaire pour remplir nos devoirs familiaux et professionnels, il faut savoir s'appauvrir. Les pauvres que nous rencontrons au Foyer nous y aident. Avec eux, nous formons une grande famille. Quand on a à sa table, sous son toit, des hommes sans gîte, sans port d'attache, trop diminués pour travailler, pas assez pour être hospitalisés ; et qui, sans le Foyer, périraient misérablement, comme il est facile de partager ses ressources avec ces hommes.

Dieu a aimé les pauvres au point de s'identifier à eux. Que de fois, au-dessus de l'océan de misère qui bat la porte du Foyer, nous avons senti planer un océan de tendresse. Que de fois Notre-Dame, protectrice du Foyer, nous a dit, comme une Mère à un fils privilégié : Aie pitié de ton frère malheureux, il est lui aussi mon fils, il souffre, ne l'abandonne pas. On ne résiste pas à cette voix. L'année dernière, notre grâce a été d'avoir compris que si Notre-Dame avait compassion des malheureux sans-abri, elle devait être encore davantage en souci des femmes, des enfants, des familles sans toit.

Devant cette tâche plus difficile encore que l'hébergement des isolés, nous avons demandé au chef de la sainte Famille, saint Joseph, de nous apprendre à prier et à œuvrer pour les familles en détresse. Il a été sans abri, à Bethléem, et n'a trouvé qu'une étable pour recevoir la Vierge qui allait enfanter, « parce qu'il n'y avait plus de place pour eux à l'hôtellerie ». Il a dû ensuite s'exiler en Égypte, a eu le sort des personnes déplacées. Le problème de son logement s'est posé à lui quand il est arrivé dans ce pays étranger ; puis il a retrouvé enfin un modeste logis à Nazareth. C'est pourquoi nous voulons prier Dieu avec saint Joseph. Il nous apprendra à obéir dans la foi aux inspirations de Dieu.

### *Constructions et cités*

*Dans ce numéro de* l'Arche, *Gabriel Rosset décrit en de nombreuses pages l'ensemble des réalisations qui ont surgi peu à peu de sa charité et de son action inventives. Il cherchait toujours à répondre d'abord à l'urgence du moment et pour cela les moyens les plus étonnants étaient mis en œuvre. Il restait attentif à toutes les détresses, cherchant pour chacune la solution particulière qui conviendrait le mieux. Voici un bref résumé des constructions réalisées.*

– Pour les habitants des bidonvilles *auxquels il fallait un secours immédiat, il mobilise le concours de deux artisans : le « Père » Reynaud et M. Carton, tous deux menuisiers. L'un ayant son atelier au cœur du bidonville colmate les brèches, fait un toit à ceux qui dorment entre les planches disjointes, apprend à monter des parois, à mettre un chevron là où il manque ; l'autre construit des chalets de bois, type chalets de montagne. Gabriel Rosset les plantera ensuite dans la banlieue lyonnaise sur des parcelles de terrain louées, acquises ou prêtées. Il y en eut ainsi plus de cent, soit plus de cent familles sorties des immondes bidonvilles. Ces maisonnettes se sont peu à peu perfectionnées, agrandies, améliorées, sont devenues plus confortables. Elles sont actuellement remplacées par des constructions en dur.*

– Pour les femmes seules ou avec enfants, *il achète un immeuble ancien ou il aménage une école religieuse inutilisée.*

– Pour les gitans manouches *de la cité des Trams, il cherche pendant un an un terrain, trouve un champ de blé dans une commune de la banlieue, proche d'une école ; il mobilise les bénévoles, les autorités (pour les aides financières), fait forer un puits pour atteindre une nappe d'eau souterraine, installe une station d'épuration, monte seize chalets. Mais ce site s'appelle « les Marais », les pluies torrentielles de printemps en rendent l'accès impossible, et en 1960 il faut créer des voies d'accès. Aujourd'hui cette cité subsiste, elle abrite encore trente familles gitanes, mais il est urgent de reconstruire.*

– Pour les jeunes ménages *qui au moment de leur mariage ne trouvent pas de logements et vivent en surnombre chez leurs parents* et pour la migration maghrébine, *il crée des « hôtels familiaux » avec chambres et grande salle où chacun peut préparer ses repas. Ces foyers d'accueil offrent, outre le gîte, des activités éducatives, des cours d'alphabétisation et un encadrement pour une meilleure adaptation à la vie en France.*

*Cette formule de relogement n'étant plus autant nécessaire, l'un de ces centres a été transformé en hôtel d'accueil pour familles de malades hospitalisés à proximité.*

– Pour les jeunes travailleurs *qui viennent à la ville chercher un emploi, il ouvre dans une belle maison et son parc un foyer de jeunes travailleurs de soixante lits.*

– Les familles maghrébines *ne sont pas délaissées pour autant. Pour elles aussi Gabriel Rosset loue, achète, construit.*

– *En 1962, c'est l'arrivée des* rapatriés d'Algérie. *Le Foyer Notre-Dame des Sans-Abri multiplie les opérations de construction de logements sous toutes ses formes ; ainsi une centaine de logements sont réalisés à force d'imagination et de « montagnes soulevées ».*

– *Cinq ans plus tard il faut déjà penser à améliorer les logements construits il y a quinze ans. Le même logement a souvent rendu service à deux ou trois familles. Il est devenu vétuste ou trop petit car les naissances se sont multipliées. Il faut alors des formules nouvelles pour reconstruire. Ce type d'opération est prévu par l'État qui offre des possibilités de financement : Programme Social de Relogement; mais il a fallu pour construire passer par une société HLM déjà existante, celle-ci devenant alors propriétaire du terrain et des bâtiments, l'association demeurant locataire principal. Ainsi deux cents logements ont été construits.*

*Ces baux collectifs permettent de faire en peu de place le maximum de logements, mais il apparut très vite que les familles – familles nombreuses pour la plupart – seraient mieux dans des pavillons individuels avec jardin. Une cinquantaine de pavillons ont ainsi vu le jour dans de petites communes rurales distantes de quinze à vingt kilomètres de Lyon. Ces opérations étaient préjudiciables à l'Association qui se démunissait de son patrimoine (la société HLM, constructeur, devenant alors propriétaire du terrain et des bâtiments) mais qu'importe, elles permettaient l'amélioration des conditions de vie. Cependant pour éviter cet écueil, Gabriel Rosset ambitionne de doter l'Association du Foyer Notre-Dame de sa propre société HLM d'autant qu'une nouvelle législation accordait des crédits (Programme de Résorption des immeubles insalubres) avantageux à de telles sociétés pour réaliser ces programmes. Après de lourdes démarches administratives, la Société HLM du Foyer Notre-Dame des Sans-Abri voit le jour. Créée en 1972, elle se trouve très active et met à neuf en reconstruisant des cités existantes depuis vingt ans.*

En résumé, *dit Gabriel Rosset*, parce que nous avions été bouleversés par la situation horrible des familles réfugiées dans les bidonvilles et les taudis de Lyon et que nous avions voulu y remédier, Dieu nous a aidés à construire plus de mille cinq cents logements et à dépanner un chiffre de familles deux ou trois fois plus élevé.

### *Relogement et action sociale*

*À la veille de sa mort, Gabriel Rosset définissait ainsi l'inspiration et le sens de l'action sociale qu'il avait menée inlassablement pendant vingt-quatre années et qui devait être poursuivie.*

Le relogement d'une famille qui croupit dans un bidonville ou dans un taudis, d'un clochard, d'un détenu libéré, est la proposition de base qui conditionne toutes les autres. Elle doit passer avant toutes les autres. On ne saurait trop souligner cette évidence incontestable et trop souvent contestée : pour s'occuper utilement des sans-abri de la rue, des bidonvilles et des taudis, il fallait d'abord et avant toute autre chose les reloger. Cette aide à quelqu'un qui est en danger est pour chacun une nécessité absolue, une obligation sacrée. C'est la priorité des priorités pour une société qui veut rester humaine.

Nous ne croyons pas, toutefois, cette aide suffisante pour sauver l'homme. Jésus, dans l'Évangile, commence par multiplier les pains pour ceux qui ont faim, par apaiser la tempête pour que les apôtres ne périssent pas, par guérir les corps malades. Ensuite il donne ce qui manque aux âmes : « Tes péchés te sont remis, va en paix, ta foi t'a sauvé. » Et nous voyons qu'il en est bien ainsi. Une aide matérielle si importante, si nécessaire qu'elle soit, n'est pas suffisante pour sauver un homme. Nous ne pouvons pas comme les matérialistes tout espérer d'un progrès matériel. Pour sauver l'humanité, Dieu n'a pas fondé un nouveau régime économique et politique, il ne lui a pas distribué en abondance des biens matériels (la manne n'a été qu'une figure de l'Eucharistie nourriture de l'âme), il ne s'est pas non plus contenté de lui apporter des idées nouvelles, il lui a donné un Sauveur et sa Mère et les saints, c'est-à-dire des personnes au cœur de chair, riches de vertus, sources de vie et de vérité, qui sont des phares pour l'humanité en marche.

Ce qui manque le plus au monde, ce ne sont pas des biens matériels, ni des idéologies, ce sont des personnes capables de créer et de distribuer ces biens matériels et intellectuels. Les saints ont tous, comme leur divin Maître, parlé aux âmes, en commençant par soulager la misère autour d'eux. C'est la leçon de l'Évangile.

Nous n'avons fait qu'un travail de tâcheron, là où beaucoup de gens de notre époque voudraient faire un travail scientifique, technique, politique. Ils n'ont pas tout à fait tort. C'est bien à une action d'envergure qu'il faudra arriver. Mais il faut commencer par l'effort du tâcheron ; il faut payer de sa personne et faire ce qui est nécessaire. On ne peut se contenter de proclamer que cet effort ne sera pas suffisant et semer la panique dans le cœur et l'esprit de ceux qui voudraient quelque chose, mais sont aussi à l'avance découragés par les intellectuels qui nous reprochent de n'avoir pas suffisamment étudié la population des bidonvilles avant de la reloger. « Une action aussi importante que la vôtre, disent-ils, aurait dû être préparée par une étude scientifique que vous n'avez sûrement pas eu le temps de faire. » À celui qui meurt de faim, c'est du pain qu'il faut, comme il faut tendre la main à celui qui se noie.

Nous avons même tout lieu de penser que pour résoudre de grands problèmes humains actuels, réputés insolubles comme la faim dans le monde, la résorption des favelas de l'Amérique du Sud, ou des slums de l'Inde, l'alcoolisme et la délinquance juvénile dans notre pays, il faut se placer au cœur de ces problèmes et commencer par les attaquer sur un point et par une action concrète du genre de celle que nous avons entreprise. Ce qui minera peu à peu la montagne des maux à abattre et la fera finalement crouler. Nous ne sommes pas les seuls à croire cela, à vouloir cela.

Devant l'effroyable misère des slums de l'Inde, faut-il dire : « Rien à faire » ? La réponse à cette question a été donnée par Mère Teresa de Calcutta.

L'abbé Pierre a donné cette règle de vie aux Compagnons d'Emmaüs :

« Devant toute humaine souffrance selon que tu le peux, emploie-toi non seulement à la soulager sans retard, mais encore à détruire ses causes. Emploie-toi non seulement à détruire ses causes, mais encore à la soulager sans retard. »

C'est la ligne à suivre. Mais quand il est question de rechercher les causes de la misère, pourquoi ne veut-on considérer que les causes économiques, sociales, politiques, sans jamais penser aux causes spirituelles, sans jamais en parler ?

Et pourtant ces forces spirituelles existent et même souvent sont les seules vraiment efficaces pour résoudre les cas les plus tragiques. Continuons à étudier les sciences humaines, mais ajoutons-y quelque chose de plus qu'elles-mêmes et que nous sommes obligés de reconnaître avoir reçu, malgré notre indignité. Chaque fois que nous avons pu accueillir et reloger une personne, une famille, même les plus déshéritées et les plus réfractaires à toute action, et que nous avons pu assurer auprès d'elles des heures de présence attentive et de patience affectueuse, nous avons constaté que nous l'aidions dans ses problèmes.

Une véritable action socio-éducative auprès des familles les plus handicapées est une affaire de dévouement, de bonne volonté, de patience, de présence active dans le milieu même où vivent ces familles. On ne fera pas tout du premier coup, mais on jettera les fondements de quelque chose de solide, on commencera une action durable que d'autres continueront.

# 5
# L'ŒUVRE CONTINUE

### *Une équipe nombreuse, des services variés*

*Un de ses amis les plus proches a écrit après sa mort : « Et voici le dernier signe : après avoir fêté Noël au Foyer avec 180 sans-abri, Gabriel Rosset a été frappé d'une hémiplégie à la Trappe des Dombes, le vendredi 27 décembre 1974, vers 11 heures, après la grand-messe.*

*« Il allait s'y recueillir chaque semaine. Au fond il aurait voulu être trappiste. À mon sens, le primat de la vie spirituelle est la plus haute leçon que nous laisse Gabriel Rosset. »*

*L'équipe qui s'était rassemblée autour de lui : équipe d'hommes et de femmes de toutes appartenances sociales, unis dans un assez rare esprit d'unité et de désintéressement a pris aussitôt l'engagement de poursuivre son action, dans la même ligne et le même esprit. Soutenue par le concours d'une foule de sympathisants qui dépasse les frontières de la région lyonnaise, soutenue par le souvenir et par l'intercession du Fondateur, encore aujourd'hui elle réussit à tenir cet engagement.*

*Gabriel Rosset laisse derrière lui une œuvre vaste et complexe.*

Ce développement, qui s'est produit en quinze ans sous la poussée tragique des besoins provoqués par la pénurie de logements, a été accompagné d'une démultiplication de services spécialisés dont le nombre et la variété rendent impossible leur dénombrement complet : services d'achats de terrains, de travaux de constructions, de réparations et d'entretien, services de gestion d'immeubles, services de transports, services d'organisation de chantiers de jeunes, services d'intendance, services de ramassage de mobiliers, de literie, de vestiaire, de récupération de meubles, chiffons, papiers, enfin services d'animation socio-éducatifs pour répondre aux demandes des isolés, des familles et des enfants dans les centres-foyers et les cités : camps et colonies de vacances, villages de vacances, services sanitaires, de comptabilité, d'éducation populaire et de loisirs, la plupart de ces services étant assurés par des bénévoles.

*Mais, comme toute œuvre humaine, si pleine d'amour soit-elle, elle connaît aussi ses difficultés, auxquelles il faudra toujours faire face.*

Nous avons maintenant mille cinq cents logements où sont décemment logés cinq à six mille enfants. Ainsi un nouveau massacre d'innocents a été épargné. Le plus beau c'est qu'ils n'en savent rien. Cabanes, taudis, bidonvilles se sont effacés de leur horizon avec les maux et les dangers qu'ils engendraient. Les plus jeunes des enfants, et c'est fort heureux, ne les ont pas connus, n'en ont jamais souffert; les adultes, eux, les ont oubliés. Ils ne voient plus que leur situation présente avec ses problèmes : notre asile a des lits trop serrés dans ses dortoirs, nos cités pour familles sont souvent trop éloignées de l'agglomération ou du lieu de travail du père, beaucoup de logements sont devenus trop petits (une famille relogée avec deux enfants en a dix, dix ans après). Certains de nos locataires ont des difficultés de voisinage et des sujets de mécontentement. Il ne manque pas d'observateurs pour nous démontrer qu'il nous reste beaucoup à faire! Tant mieux : cela empêche de se complaire dans ce qu'on a fait et de s'endormir sur ses lauriers! Parce qu'on nous confond avec une société de construction, une régie d'immeubles, un organisme socio-éducatif, on nous demande – et c'est normal – d'améliorer notre action sur tous les plans. Les résultats acquis ont fait oublier à ceux qui en ont profité que nous n'avons voulu que les aider à survivre et à sauver leur vie de famille en leur procurant un logement qu'ils ne trouvaient nulle part. Ils oublient qu'en aucun cas nous n'avons cherché notre avantage.

Une action évangélique du type de la nôtre nous tourne vers les malheureux en commençant par les plus démunis. Les pauvres gens comprennent cela quand on le leur rappelle. L'hiver, quand notre asile est plein, nous demandons à nos hôtes qui le peuvent, de faire de la place à ceux qui sont à la porte. Cet appel est toujours entendu. Des malheureux cèdent souvent la place à de plus malheureux qu'eux. Mais en temps ordinaire nos locataires ne pensent pas que nous avons d'autres demandes à satisfaire et que si nous ne leur apportons pas les améliorations qu'ils réclament, c'est que nous avons à répondre à des besoins plus pressants que les leurs.

*C'est conscient de ces difficultés et de tous les pièges qui pouvaient se présenter à une œuvre comme celle des Sans-Abri que Rosset a souvent rappelé quelle était la « règle d'or ».*

Nous devons faire attention dans chacun des sans-abri, d'abord à son être et sa fin qui sont infinis, non pas à ses moyens qui sont très limités, quasi nuls. C'est la règle d'or. Nous ne sommes pas en mesure de donner aux hôtes du Foyer les moyens qui leur manquent mais nous pouvons les aider à se maintenir et à progresser dans l'être à réaliser leur fin. Au Foyer on doit faire attention à l'être plus qu'à l'avoir. On vient anonymement sans se soucier d'un quelconque avantage ou accroissement d'avoir. On y vient au contraire pour s'appauvrir.

*Beaucoup ont entendu son appel.*

Beaucoup prirent la bonne habitude de venir servir les sans-abri après leur travail de la journée. Le temps qui leur restait disponible se révéla plus important qu'ils ne l'avaient prévu. Bien employé, et surtout régulièrement donné, il permettait à tous d'assumer, sans s'en apercevoir, un service assez lourd. On adopta, puis on osa formuler la règle : en dehors du temps nécessaire au repos et à la culture personnelle, diviser son temps en deux si l'on est célibataire (une moitié pour le métier, une moitié pour une œuvre d'entraide) et si l'on est chef de famille, faire de son temps trois parts : pour la famille, pour le métier, pour la société.

### *Le Foyer : un lieu de formation permanente et d'éducation populaire*

Le Foyer Notre-Dame des Sans-Abri n'est pas une école mais c'est incontestablement une œuvre d'éducation des familles, des enfants, des serviteurs et des moniteurs bénévoles.

Nous pensons sincèrement que l'action éducative entreprise au Foyer peut être considérée comme l'exemple d'un ferment de la réforme de l'école.

– D'abord parce que nous sommes ici à l'école de la réalité, disons de la nécessité. Les jeunes formés à cette école, où il est impossible de se dérober à des êtres qui souffrent, sauront former de la même manière les enfants. Nous nous sommes trouvés dans cette œuvre solidarisés avec la population la plus défavorisée et pour ainsi dire obligés de « pleurer avec ceux qui pleurent » comme le demande saint Paul. L'enseignement que nous avons offert à ces familles et à leurs enfants a été librement accepté, reçu, demandé. Les premiers moniteurs et monitrices qui sont allés dans nos cités d'urgence se demandaient s'ils n'allaient pas y être reçus à coups de pierre. L'enseignement qu'ils allaient donner n'était pas obligatoire. Il fallait que les enfants soient intéressés, il fallait s'ingénier à les captiver. Partout les enfants sont revenus, en ont amené d'autres. Même remarque au sujet des maîtres, c'étaient des volontaires venant, par goût, s'occuper des enfants. Ils n'avaient absolument rien du fonctionnaire.

L'enseignement qu'on donne au Foyer est basé sur le travail, un travail incessant, varié, utile, comme celui qui est à faire dans une maison où il y a beaucoup de personnes et beaucoup d'enfants. Au Foyer on est contraint de travailler.

Des activités éducatives sont offertes aux enfants et aux adolescents : dessin, musique, chant, danses, activités manuelles, sport, aide scolaire.

Une autre piste est les chantiers de construction du type « compagnons bâtisseurs juniors » initiant des adolescents aux métiers du bâtiment.

L'action éducative auprès des familles est assurée par des auxiliaires familiales et s'exerce sur tous les plans : puériculture, hygiène, travaux de couture et de lingerie, équilibre du budget, propreté et soins, relations familiales. Le but de cette action est une vie de foyer saine, calme, unie et heureuse. La tâche est immense.

L'action éducative auprès de nos hôtes est la plus difficile, étant donné leurs antécédents, leur âge, leur état de santé, leur isolement dans la vie, leur exil. Le point de départ est une reprise de travail, soit comme salarié à l'extérieur, soit au pair dans la maison comme « aide » à tous travaux. Un pas décisif est accompli si l'intéressé, d'alcoolique qu'il était devient tempérant. Inutile de préciser qu'il faut qu'il soit libre dans cette sorte de formation permanente.

J'ai toujours rêvé d'une éducation populaire qui soit le complément, le couronnement, l'au-delà de l'école.

Nous voudrions faire du Foyer un foyer de culture populaire. Le Foyer attire des jeunes qui ont envie de se dévouer aux autres. Il y a les nombreux moniteurs et les monitrices bénévoles qui assument une responsabilité éducative auprès des enfants des cités. Certains groupes se réunissent chaque semaine pour discuter de leurs expériences et du sens de leur action.

D'autres jeunes viennent servir les pauvres dans la maison : le Foyer est une école de relations personnelles et de rencontres entre les hommes, de tous les milieux et de tous les pays. Il apprend aussi au grand nombre de personnes âgées qui nous aident avec assiduité l'art de vieillir sans s'ennuyer et, en approchant de leur fin, de faire de leur vie un acte parfait d'amour.

Enfin pour ceux qui le souhaitent, c'est aussi une école de spiritualité. Avec les homélies de notre aumônier le dernier dimanche du mois, la récitation encore irrégulière de la prière du Temps Présent, les partages hebdomadaires de l'Évangile, nous nous efforçons de suivre les guides spirituels que Dieu a mis sur notre route.

À l'école Notre-Dame des Sans-Abri, on apprend beaucoup de choses, à deux conditions :

– La première est de ne jamais se considérer comme supérieur à celui qu'on sert. « Nos seigneurs les pauvres » disait-on au Moyen Âge; car on reçoit d'eux beaucoup plus qu'on ne leur donne. De même qu'on s'élève en élevant ses enfants si on les respecte et si on les aime en Dieu.

– La deuxième condition est d'être vigilant. Si le fardeau de celui que nous rencontrons est celui de l'ivrognerie, de la paresse ou de la malhonnêteté il faut que nous l'aidions, non pas à le porter, mais à s'en débarrasser. Effort qui exige une formation, un esprit d'équipe et la grâce de Dieu.

*Certaines pages, écrites par Gabriel Rosset, constituent un véritable testament spirituel destiné à ceux qui désirent s'associer à son œuvre par l'action et la prière.*

*Les deux textes qui suivent sont fondamentaux pour comprendre quel esprit doit régner entre les « serviteurs » du Foyer. L'un met l'accent sur la prière et la vie intérieure, l'autre souligne l'importance de la charité fraternelle.*

### *Le Foyer Notre-Dame des Sans-Abri : communauté de prière et de travail*

Nous nous trouvons dans cette Maison face à de grandes misères : tragédies du logement, méfaits de l'alcoolisme, drames de foyers divisés, enfants en danger ; il n'est pas de jour, hélas, où nous ne recevions de tragiques nouvelles, pas de jour où nous ne soyons témoins de quelque naufrage. Je pense à tel malheureux en détresse, à tel ami gravement malade, à ce désespéré qui a mis fin à ses jours, à d'autres cas infiniment douloureux. Je pense au découragement, aux abandons qui nous guettent et qui poussent comme de la mauvaise herbe dans notre champ d'action. Nous faisons ce que nous pouvons, mais nous pouvons bien peu. À cette terre desséchée et sans eau du monde et des âmes, nous donnons une goutte d'eau alors qu'il faudrait un fleuve. Aussi avons-nous conscience, de plus en plus, que nous ne pouvons porter sur nos épaules le poids énorme des misères pour en soulager ceux qui en sont accablés. Mais n'oublions-nous pas trop souvent qu'il y a une chose que nous pouvons toujours faire : c'est d'assumer ces misères dans notre prière.

C'est une bien vieille et bien belle histoire : tant que Moïse priait, les bras levés vers le Seigneur, les Hébreux avaient le dessus dans la bataille. Mais quand il laissait retomber ses bras de lassitude et de découragement, l'ennemi l'emportait… Il en sera toujours ainsi dans notre combat contre le mal.

Nous avons, dans notre service au Foyer, surtout la tâche de l'hôtelier auquel le bon Samaritain confie le blessé qu'il a recueilli sur la route. Tous les jours de bons Samaritains, des prêtres, des religieux et des laïcs, des médecins, des assistantes sociales, des commissaires de police… s'adressent à nous :

– Pouvez-vous héberger cet homme que j'ai rencontré, loger cette famille qui ne sait où aller… ?

Il nous faut gérer cette hôtellerie des pauvres et la rendre de plus en plus accueillante. Mais il nous arrive tant de blessés, tant de victimes de brigands (taudis, alcool, amoralité), tant de malheureux de toutes sortes qu'il nous faut faire bien plus que notre tâche d'hôteliers : il faut que nous sortions de chez nous pour transporter ces malheureux au-devant du Seigneur quand il passe… (comme les brancardiers de Lourdes) ou comme ces hommes de Galilée qui portaient les infirmes, les paralytiques et les boiteux à travers les foules au-devant du Seigneur, dussent-ils les hisser, à bout de bras, sur le toit de la maison ! Voilà l'image de la foi et de la charité qui nous sont demandées.

Faisons nôtre la prière ardente, audacieuse jusqu'à en être insolite, de Martel pour ses amis malades :

« Janvier 1930. Mon Dieu, nous vivons si peu de temps. Notre journée compte si peu de vie intense ! Et cependant nous sommes les vivants. Vous nous avez encouragés à prier toujours, sans jamais nous lasser… Je vous prie donc pour Madeleine et pour Marcel. Et, quand ils seront guéris, je prierai pour d'autres, et puis pour d'autres. Car il faut que votre Règne arrive, que vous trouviez de la foi quand vous viendrez sur la terre, que ce monde pécheur se guérisse. »

Il faut recourir sans cesse à la prière, quand on s'est mis, comme nous, au service des pauvres :

« Voyez-vous, nous avons désiré, non pas une vie retirée du monde, mais une vie dans le monde. Nous voulons porter le Christ dans notre milieu, quelle que soit l'indifférence ou l'hostilité de celui-ci, quel que soit le trouble apporté à notre âme par l'agitation du milieu où nous voulons la maintenir plongée. Dieu semble en ce moment vouloir nous faire sentir au plus intime de notre cœur toute l'amertume pénétrante d'une telle vocation. Dans un monastère on doit plus aisément, peut-être, se retirer en Dieu. Mais voir souffrir autour de soi avec l'inquiétude du demain, l'angoisse de la guérison ou de la conversion, et cela, parce que nos yeux de chair le voient et que notre cœur de chair en tremble, c'est le calice que nous avons choisi. C'est dans ces circonstances que nous avons résolu de témoigner que nous sommes chrétiens.

« Nous n'y résisterons pas si Dieu ne nous aide et si l'humble appel de notre faiblesse n'attire sa bénédiction… Et pourtant, plus que jamais, il me semble que notre vocation est bien *la nôtre,* que c'est bien cette croix que nous devons porter. »

Ce monde sans Dieu où prolifère le mal, ce monde dans lequel nous sommes plongés, le jansénisme, après Calvin, l'a jugé si corrompu qu'il a pensé que Dieu l'avait abandonné et que ceux qui lui appartenaient étaient prédestinés à la damnation. Les philosophes rationalistes du dix-huitième siècle, en faisant le procès du christianisme accentuent encore cette séparation entre le monde et Dieu. Les Romantiques, puis les Existentialistes, ont reçu cet héritage et ne retrouvent Dieu que pour le blasphémer et sombrer dans le désespoir ou dans la nausée que donne l'absurde. Ce courant de pessimisme continue à porter et à entraîner les esprits de notre époque, à opposer irréductiblement Dieu et le monde, la Science et la Foi, la société laïque et l'Église. Pour réconcilier ces deux blocs il n'y a pas d'autre remède (c'était la pensée de Martel) que la Charité, car elle donne. En effet « la charité fraternelle par laquelle nous nous aimons les uns les autres ne vient pas seulement de Dieu, c'est Dieu lui-même » (saint Augustin).

De même que les Frères de Taizé font de leur vie une prière pour la réconciliation des catholiques et des protestants, nous devons, ici, en servant les pauvres, prier pour que dans le monde triomphe la charité, que par là se réconcilient la Société et l'Église, le Monde et Dieu, et qu'une âme soit enfin rendue à notre civilisation scientifique et technicienne.

Telle est l'œuvre à laquelle s'est consacré Antoine Martel.

Pour la continuer, nous devons être essentiellement une communauté de prière. De même qu'à Taizé ce n'est pas en multipliant les rencontres, les explications et les écrits qu'on travaille à l'unité des chrétiens, mais en offrant sa vie à Dieu dans la prière, de même, pour bien servir les pauvres et apporter la charité à un monde sans âme, nous devons d'abord nous offrir à cette intention dans une vie de prière et d'adoration :

« Seigneur Jésus, ayez pitié de ceux qui ne croient pas en vous, car la plus grande injustice, celle que vous êtes venu réparer par votre sacrifice, de laquelle découlent toutes les autres injustices que nous voulons combattre, c'est que votre Père des Cieux ne soit pas connu ni aimé comme il devrait l'être. Que le Saint-Esprit nous montre donc, à nous qui vivons au milieu de ce monde indifférent ou révolté, le travail que nous devons faire pour que notre prière soit valable. Car si nous priions pour les sans-abri et les malheureux qui viennent frapper à notre porte sans faire pour les reloger et les soulager tout ce que nous pouvons, si peu soit-il, nous mériterions le reproche de saint Jacques : « Celui qui dit qu'il aime Dieu qu'il ne voit pas, et qui ne subvient pas aux besoins de ses frères qu'il voit, est un menteur. »

C'est pourquoi nous devons joindre le travail à la prière, et travailler de toutes nos forces. Cela nous le comprenons assez bien : en gros nous formons déjà une communauté de travail et d'efforts, mais nous ne sommes pas encore une communauté de prière.

Les Trappistes sont venus en 1863 s'installer dans une région marécageuse des Dombes pour arracher à une vie de souffrances ses habitants décimés par la malaria, puis, après avoir drainé et assaini le pays, ils ont assumé devant Dieu, par la prière et par le sacrifice, les souffrances de toutes les victimes qui avaient péri avant leur arrivée. Quelles magnifiques perspectives pour notre foi et notre charité! Par notre prière nous pouvons, nous aussi, assumer devant Dieu, pour qu'elles soient utiles au salut du monde, toutes les détresses que nous ne pouvons soulager et qui se reflètent ici au Foyer comme dans un miroir.

Comme il serait bon, comme il serait utile aux malheureux dont nous nous occupons, que nous formions une communauté de prière. Elle est amorcée, mais que ce germe est fragile! et comme il a besoin d'être protégé et cultivé par chacun d'entre nous. Serviteurs et amis proches ou lointains, malades et infirmes cloués sur la croix, parents et enfants, unissons notre prière à celle des prêtres et des contemplatifs qui la soutiennent de leur offrande.

Il existe au Foyer et dans la vie d'un certain nombre d'entre nous une tension entre la prière et l'action. Tous ceux qui servent Notre-Dame des Sans-Abri peuvent reconnaître, en eux-mêmes et à certains signes, qu'ils ont répondu ainsi à un appel de Dieu. Mais cet appel de l'Esprit risque d'être étouffé parce que nous sommes soumis à une activité intense et entourés de tentations.

Pour résister à ces attaques, pour faire cesser cette tension dans notre service au Foyer, entre notre vie intérieure et notre travail, tension qui risquerait de devenir déchirante et pourrait nous faire perdre la charité dans cette maison de charité, il y a nécessité absolue que nous soyons davantage soudés et soutenus par la prière. Imitons les premiers chrétiens, qui étaient « assidus à la prière », avec la sainte Vierge au milieu d'eux et dont les gens disaient : voyez comme ils s'aiment. Pour cela, ayons recours à Notre-Dame. Nous nous sommes mis sous sa garde, elle nous aidera à devenir une communauté de prière en même temps qu'une communauté de travail.

*Soyez un*

Nous avons vu comment naît la charité fraternelle dans une âme. Et maintenant, comment la conserver et la faire grandir ? Comment la répandre ?

Jésus recommande à ses disciples de s'entr'aimer. Il a prié pour qu'ils soient un. Il nous est commandé d'aimer notre prochain, c'est-à-dire celui avec qui nous travaillons, nous habitons. En effet, comment pourrions-nous aimer tous ces hommes, toutes ces familles, tous ces enfants dont nous nous occupons et leur apprendre à s'aimer si nous ne nous aimons pas entre nous ? Comment unir les autres hommes entre eux si nous sommes divisés ? Comment notre lampe pourrait-elle éclairer ceux qui sont loin si elle n'a pas assez de flamme pour ceux qui sont tout près ? Aimez-vous les uns les autres, recommande le Seigneur à ses disciples. Aimez d'abord votre prochain le plus proche, ceux qui vous ressemblent le plus, ceux avec qui vous avez le plus de rapports, ceux qui ont la même formation que vous, la même foi, le même but.

Ce don si précieux de l'amitié fraternelle, ici, il nous a été prodigué : des liens très forts, très doux et très purs se sont établis entre nous pendant que nous servions les pauvres. Ce service nous a permis de nous rencontrer, de nous connaître, de nous apprécier, d'avoir confiance les uns dans les autres ; bref, de nous aimer en Dieu. Quel inestimable bienfait. Quand tout vacille et que tout semble chavirer, nous trouvons des amis très sûrs (qui se sont donnés à l'œuvre dans une fidélité sans faille de tous les instants), des points d'appui, des piliers solides, des raisons d'espérer.

Vous savez bien que dans cette maison où nous travaillons si nombreux, il y a tous les jours quelque chose de cassé. Quand c'est un objet matériel, ça se répare, mais les relations de personne à personne, les incompréhensions, les désaccords, les heurts, qui risquent de briser entre nous le lien de la charité, c'est plus grave. Cela fait souffrir : nous et surtout le Christ. « Notre Seigneur a été comme un pot cassé dans sa passion », disait sainte Bernadette. Quand plusieurs s'entendent bien, font une bonne équipe, tout le monde est content. Quand il y a des fâcheries et des brouilles, l'atmosphère devient irrespirable. Ces difficultés sont de tous les instants de la vie.

Il y en a qui sont des rassembleurs, des artisans de paix, des réconciliateurs, ce sont les humbles ; et on n'acquiert l'humilité qu'en acceptant les humiliations. Si quelqu'un vous dérange ou vous gêne, ou vous fait du tort, et que vous vous mettiez en colère, c'est que vous ne l'aimez pas assez. Quand on aime, on excuse, on pardonne. Nos réactions nous montrent à quel point nous avons besoin d'acquérir la charité.

Quelquefois, la réalisation d'un projet ou d'une chose entreprise en commun ne marche pas comme nous l'aurions souhaité : on accuse le manque d'organisation mais souvent, en y regardant de plus près, on découvre à la base de ces ratés un manque de charité mutuelle, chacun rejetant les torts sur l'autre naturellement.

Pour briser le lien de charité entre nous, il suffit d'une pensée, d'une parole. Quand on se surprend à penser du mal, à en dire de quelqu'un c'est qu'on n'a pas la charité dans son cœur.

Quand quelques-uns s'entendent bien, il ne faut pas que ce soit contre d'autres, sinon ce n'est plus de la charité. La charité profite à tous, est ouverte à tous, remplit tout le corps et ce qui l'anime. Comment un sarment pourrait-il être uni aux autres sarments s'il se sépare du cep?

Parfois nous nous sentons traqués, abandonnés, trahis; si nous souffrons d'un préjudice qui nous a été causé, il nous faut pardonner et aimer ceux qui nous ont fait du mal, en offrant notre souffrance. Les reproches que nous recevons nous mettent dans l'humilité et éclairent notre route. Et quand nos souffrances sont offertes à Dieu, elles nous font grandir dans la charité. Enfin si on vous ôte une chose, si vous l'acceptez, Dieu est prêt à vous en donner mille autres. « Trop avare à qui Dieu ne suffit. » Certains refusent notre amitié, ne désirent pas entrer dans notre fraternité, car ils n'y trouvent pas ce qu'ils cherchent. Il ne faut surtout pas leur en vouloir. Il faut penser qu'ils ont autre chose à faire et prier pour qu'ils le fassent et que la justice et le bien commun y gagnent.

Le lien de la charité peut nous unir à beaucoup de frères inconnus à qui nous sommes reliés par une sympathie profonde et réciproque, par une courte conversation, une brève correspondance, une rencontre fugitive. La qualité de ces relations tient du miracle, comme dit Saint-Exupéry.

La charité est le lien organique, la vertu-force congénitale qui unit entre elles les cellules du grand corps de l'humanité dont le modèle est l'Église fondée par Jésus Christ. Le corps de l'Église est un; si ses membres sont divers c'est qu'ils ont besoin l'un de l'autre. « L'œil ne saurait dire à la main : je n'ai pas besoin de tes services, ni la tête de même aux pieds : je n'ai pas besoin de vous » (1 Co 12,21). Et l'oreille ne saurait nier qu'elle ne soit du corps. Si certains membres sont plus importants, les autres sont cependant nécessaires. Il faudrait délivrer les gens de la hantise qu'ils ont d'être différents, séparés, détestés par une autre catégorie de gens. Cette haine dans le monde actuel est un terrible détonateur. Le désarmement matériel doit être précédé d'un désarmement moral qui sera l'œuvre de la charité.

Quand on voit de nos jours des professeurs, des éducateurs, des prêtres même qui, à cause de la fausse charité dont ils dénoncent à juste titre les tares, ne veulent pas entendre parler de la vraie Charité, alors que c'est la chose la plus grande, la plus noble, la plus indispensable qui soit au monde, on est consterné. Qu'ils relisent donc saint Paul qui trouve des accents lyriques pour parler de la Charité.

Apprenons aussi de sainte Thérèse, si proche de nous, ce qu'est la charité. Demandons cette année sa grâce de Noël qui l'a guérie le 25 décembre 1886 d'une sensibilité maladive. « Je sentis en un mot la charité entrer dans mon cœur, le besoin de m'oublier pour faire plaisir et depuis lors je fus heureuse. » Elle fit ensuite tous ses efforts avec toute son intelligence et tout son courage qui étaient grands pour se sanctifier dans la Charité. Mais n'y parvenant pas, elle s'abandonna à l'Amour de Dieu, entra dans sa petite voie d'enfance, s'offrit en victime à l'amour miséricordieux de Jésus Christ.

En faisant ainsi, avec l'aide de Dieu, la protection de Notre-Dame, l'exemple de sainte Thérèse, nous aurons des chances de sauver le monde en commençant par rendre heureux ceux qui nous entourent.

# II
# GABRIEL ROSSET : L'ÉCOLE DE LA VIE

# 1
# PREMIÈRES RACINES

*L'enfance et l'adolescence de Gabriel Rosset aident à bien comprendre comment il a été poussé à fonder les Sans-Abri et à donner sa vie pour cette œuvre.*

*Au fond, son histoire est toute simple et comporte aussi des détours, comme la vie de tout un chacun.*

*Mais il l'a dit lui-même : rien n'a été voulu d'avance. Il s'est plutôt laissé porter par ce qu'il ressentait au plus profond de lui.*

## *Le Foyer a poussé comme un arbre*

On sait comment on bâtit une maison, en connaissance de cause, après avoir étudié et résolu tous les problèmes de construction : on fait un plan après avoir trouvé le terrain qui convient, rassemblé des matériaux et des ouvriers, prévu un financement dont les dépenses seront équilibrées par un rapport correspondant de gestion. Or le Foyer n'a pas été voulu, ni conçu ainsi. Il a plutôt poussé comme un arbre, branche par branche, bourgeon par bourgeon, le tout se mettant en place année par année comme dans une vie. Il peut encore nous surprendre par des développements nouveaux et insoupçonnés, si Dieu le veut. C'est une combinaison d'actions personnelles. Ce n'est pas une entreprise méthodiquement préparée, calculée, conduite scientifiquement, ou plutôt ce n'est pas que cela. C'est surtout une aventure spirituelle. Un courant, un élan, un appel.

Des problèmes humains, des relations de personnes ne pourront jamais se mettre en équation. En médecine, on commence à s'apercevoir « qu'on peut guérir le cancer sans en connaître le mécanisme ». Devant les cancers qui rongent notre société, il faudra agir de même car il peut y avoir dans le malade et dans celui qui veut le guérir des ressources secrètes, des trouvailles à faire.

La réalité la plus profonde dans une société est celle de la personne et d'un appel personnellement entendu.

Parmi les nombreux volontaires qui se présentent sur notre chantier social, il y en a qui sont pleins d'enthousiasme. C'est leur enthousiasme qui nous soutient, nous entraîne, nous fait vivre.

Qu'est-ce que l'enthousiasme ? Cela vaut la peine de s'y arrêter un instant si l'on veut comprendre comment nous avons entrepris et développé notre action pour les sans-abri.

Enthousiasme signifie Dieu en nous et nous en Dieu. L'enthousiasme est un courant divin qui passe dans nos cœurs et dans nos esprits, comme le fluide électrique dans les filaments d'une lampe. Sans lui, tout en nous est obscur et glacé. Mais dès qu'il passe, il nous rend capables de nous surpasser, de parler, de penser, d'agir presque divinement.

### *Une enfance pauvre et heureuse*

De mon enfance, il devait me rester une certaine préparation ou aptitude au service du Foyer : l'expérience de la pauvreté. Il faut en effet une grâce exceptionnelle pour comprendre et aimer les pauvres comme l'ont fait saint François d'Assise et Charles de Foucauld sans avoir connu une enfance pauvre.

Mon père gagnait, en 1914, 45 francs par mois. Il lui était difficile avec cela de nourrir et habiller sa femme et ses deux enfants, ma sœur aînée et moi. On mangeait de la viande une fois par semaine, on vivait sur les légumes du jardin. Mon père recevait en prestation son uniforme. Ma mère usait ses yeux à raccommoder notre linge. Notre logement se réduisait à deux pièces : une cuisine et une chambre, la deuxième chambre inchauffable n'était habitable que trois mois d'été. J'ai entendu pendant toute mon enfance parler de l'achat d'un fauteuil où ma mère pourrait reposer ses jambes lasses ! L'unique pêcher du jardin donnait presque chaque année de gros fruits veloutés et savoureux auxquels on ne touchait pas. On les vendait avec les plus belles tomates au laitier de la rue d'Italie qui nous en donnait un bon prix.

Pour que ma sœur puisse poursuivre ses études primaires et se présenter à l'École Normale, ma mère se levait à quatre heures du matin pour pinceter des pièces de soie qu'elle allait chercher clandestinement à l'usine.

Cela faisait quelques francs de plus par mois qui permirent avec des prodiges d'économie d'acheter le trousseau et les livres de ma sœur. Quand celle-ci obtint son premier poste d'institutrice dans un village des Chambarands, elle ne mangea pendant trois mois que les châtaignes qu'on lui donnait et rapporta à Noël son traitement complet pour permettre à ses parents de mettre son jeune frère à l'École Supérieure.

Ce fut pour l'enfant que j'étais une grâce incomparable d'être élevé dans une famille pauvre, où l'on savait se priver pour économiser un sou ; je n'eus jamais d'argent de poche, je fabriquais moi-même mes jouets (échasses, arbalètes, sifflets, paniers). Je me passionnais à collectionner des fleurs, des insectes, des papillons, je passais des après-midi merveilleux à glaner pour la poule que ma mère élevait dans une cabane du jardin. Je cueillais des fleurs de tilleul ou des plantes médicinales pour aller les vendre chez l'herboriste.

Je fus privé des plaisirs frelatés que procure l'argent aux enfants, mais non pas de soins ni d'affection. Je ne puis dire combien j'aimais mes parents, persuadé que je ne pourrais leur rendre qu'une infime partie de tout ce qu'ils avaient fait pour moi ! Et quelle confiance j'avais en eux ! Je comprends tout ce que je dois à la pauvreté de mon enfance. Elle seule pouvait, avec les tiraillements de la faim que nous connûmes sous l'occupation, détremper nos cœurs de pierre devant ceux qui ont faim ou qui n'ont pas de toit, et soutenir notre résolution de les soulager coûte que coûte.

Dans mon enfance pauvre et heureuse, nous étions, mes parents et moi, privés de beaucoup de choses et dans un brouillard qui nous bouchait bien des horizons. Mais dans cette nuée brûlait un feu divin : la joie de remplir notre devoir et nous priver les uns pour les autres. Nous n'aurions pas eu l'idée qu'il suffirait d'apporter aux pauvres les biens matériels. Nous connaissions nous-mêmes d'autres biens dont vivait notre âme.

Un homme, un pays, qui cherche à s'enrichir pour faire déborder les surplus de richesse dans le monde entier et en répandre les semences chez les plus pauvres, ne voit qu'une face de la réalité, la plus extérieure, la plus matérielle. Cet homme ou ce pays n'aime pas les pauvres gens parce qu'il n'aime pas la pauvreté. La société enrichie dont il rêve serait une tour de Babel où ceux qui produisent la richesse et ceux qui la reçoivent se comprendraient de moins en moins.

## *Les études ou la tentation de l'esprit*

Je perdis vite le feu divin qu'avaient allumé en moi les vérités du catéchisme et l'expérience de la pauvreté. À douze ans je quittais le chemin de l'Église à qui je tournais délibérément le dos, pour celui de l'École, et cela jusqu'à vingt et un ans, mise à part une courte période où, à quinze ans, je tombai malade. Mon état s'étant aggravé et m'ayant conduit aux portes de la mort, je repris conscience de mon néant et promis à Dieu, s'il me faisait vivre, d'obéir à ses commandements. Une fois guéri, je ne tins pas ma promesse.

J'étais fasciné par les grandeurs selon l'esprit que les études secondaires m'avaient révélées. J'aimais par-dessus tout la poésie, mais de mes premières années de collège, ce sont les sciences et leur pouvoir qui me captiveront le plus.

Quel bonheur n'aurais-je pas connu si ces joies pures de l'intelligence, qui traversaient la nuit de mon âme comme des rayons de lumière, avaient été rapportées au soleil de vérité, si j'avais pu contempler la distance infinie des esprits à la charité et à la vie surnaturelle. À mes plus beaux paysages intérieurs, il manquait le ciel. Alors que mes études m'enivraient de la joie de connaître, s'épaississait en moi un fond d'ambition (je voulais être plus fort que les autres), de cupidité (je voulais faire une brillante carrière, devenir ingénieur, gagner beaucoup d'argent), d'arrivisme (le ressort de mes études était de réussir, de remporter les premières places aux concours, de satisfaire mes convoitises). Je voyais dans la science un moyen de devenir maître et possesseur de la nature.

Mes maîtres de l'enseignement pensaient tous que la raison viendrait à bout de tous les problèmes. Mon intelligence baignait dans un climat hostile à la foi et ainsi s'épaississait la nuée qui cachait, au malheureux adolescent que j'étais, la lumière de Dieu.

À l'École Normale d'Instituteurs où j'entrai à seize ans, je découvris le monde des sciences humaines, l'histoire des civilisations, de l'antiquité, de leur art, de leur religion, la psychologie et la morale, la sociologie, la pédagogie nouvelle. Cet enseignement formait un tout méthodique, cohérent, ayant l'ambition de nous apprendre à apprendre. Comme il m'apportait plus de questions que de réponses et que les réponses, incomplètes, fragmentaires, relatives, comme des éclairs dans la nuit illuminaient et ravissaient mon intelligence, j'étais conduit à vouloir en savoir davantage.

Je passai les vacances qui suivirent ma dernière année d'École Normale à lire, à méditer, annoter les pensées de

Pascal. Je pressentais une vérité totale dont mon esprit n'avait découvert au cours de mes études que des parcelles. Cette vérité, sûre, absolue, infinie, était de l'ordre du cœur, de la foi, de la religion. À mon tour j'entrevoyais qu'un peu de science éloigne de Dieu et que beaucoup nous y ramène. Mais je devais expérimenter, au cours des deux années que je passai ensuite à l'École Normale de Lyon pour préparer Saint-Cloud, qu'il y avait loin de connaître à aimer.

### *Suivre Jésus Christ?*

Depuis de longues années, je ne cherchais ni à connaître, ni à faire la volonté de Dieu. Il fallait que je tombe dans le marasme le plus complet, que je perde toute dignité, toute confiance en moi, pour que je me tourne enfin vers Dieu. J'étais désemparé, dans les ténèbres. Ma conversion, à l'âge de vingt et un ans, fut, à n'en pas douter, l'œuvre de la miséricorde de Dieu.

À Saint-Cloud, où j'étais arrivé en octobre 1925, un ancien m'invita à une méditation d'Évangile. Le chef de ce groupe était Marcel Légaut : il conduisait la méditation comme quelqu'un qui voulait comprendre le texte pour en vivre. Il y avait chez ce jeune mathématicien, dirigé par M. Portal, une connaissance vécue, intime de Jésus Christ et de son Église qui nous apparaissait extraordinaire. Intervenaient aussi Jacques Perret, Antoine Martel, Dubreuil, Chapelle, Domer et quelques autres. Pendant un an je n'osais ouvrir la bouche, craignant de détruire cette harmonie. J'écoutais, médusé, ravi, ce langage nouveau pour moi.

À la fin de l'année on décida de faire une retraite d'une semaine en Savoie pour progresser dans la connaissance du Christ. Sur le chemin de l'aller, à Grenoble, j'hésitais encore quand un Normalien, rencontré par hasard, m'entraîna.

Les méditations quotidiennes que nous faisions ensemble sous les arbres l'après-midi furent vraiment d'une beauté divine. Je croyais et je disais dans le fond de mon cœur : « Maître, où habites-tu ? Je voudrais te suivre… »

Mais en même temps un combat terrible se livra en moi. Je connaissais ma misère. Suivre Jésus Christ ? Devenir saint, moi ? Je devais être plus humble. Je reculais. Légaut, à qui je m'ouvris de mes craintes, me fit comprendre que c'était de la fausse humilité, c'est-à-dire de l'orgueil caché et que si ma faiblesse m'arrêtait, c'est que je comptais sur moi plus que sur Dieu. Orgueil aussi que la crainte d'être tourné en dérision par ses amis. Je m'anéantis devant Dieu, lui laissant la place et fus libéré. Je terminais cette retraite, l'esprit et le cœur régénérés par le Christ, plein d'une joie indicible. Je partais pour une nouvelle vie.

### *À la suite d'Antoine Martel*

*Parmi tous ceux qui constituaient le « groupe tala », Antoine Martel fut celui qui marqua le plus fortement Gabriel Rosset. Tout au long de sa vie, il affirmera avec force combien l'exemple de son ami fut décisif pour sa vocation.*

Antoine Martel nous a donné l'idée d'un foyer conçu

pour multiplier des gestes d'accueil aux sans-abri, des gestes d'entraide aux familles sans toit.

Martel s'était fait l'ami des plus pauvres, des plus délaissés, des malades osseux de Berck, des prisonniers qu'il recevait chez lui. Un jour M^lle^ Ehrhard, professeur de russe à la faculté de Lyon, était allée le voir pour s'entretenir avec lui de sujets linguistiques ; elle s'étonnait en sortant qu'il laissât, tard dans la soirée, la porte de sa maison ouverte. Il lui répondit : « Comme cela, si quelqu'un ne sait où aller dormir, il pourra entrer. »

Roger Pons, son collègue à Lille, rapporte quelques gestes généreux de Martel qu'il a surpris par hasard et qui, joints à tant d'autres restés cachés, feraient toute « une geste », une véritable épopée de la charité d'Antoine Martel. Et de fait, ce que nous lui avons vu faire dans cet ordre, pour réconforter et réchauffer les plus abandonnés, nous a paru merveilleux. On peut dire que, par la voie toute simple de l'imitation que suivent si facilement les enfants et les jeunes, le Foyer est sorti de notre rencontre avec Martel.

Notre ami ne nous a pas laissé uniquement des gestes à imiter ou à admirer, il nous a apporté un esprit, il a ouvert notre intelligence à la vie spirituelle, il a résolu en nous le conflit angoissant de la science et de la foi…

Tourmenté par ces problèmes, comme tous les étudiants qui réfléchissent, je rencontrais Antoine Martel parmi ses amis : Marcel Légaut, Jacques Perret, Jean Guitton. En eux s'unissaient et s'entretenaient le savoir et la foi, celle-ci étant à la hauteur de celui-là, qui me paraissait grand.

# 2
# ENSEIGNEMENT ET FOYER

*Mais la première vocation que se découvrit Gabriel Rosset et qu'il poursuivit longtemps parallèlement à l'œuvre des Sans-Abri, fut incontestablement celle de l'enseignement.*

*Au terme de sa carrière, au cours de la cérémonie où lui furent conférés les insignes de la Légion d'honneur (le 17 juin 1965), Gabriel Rosset prononça un discours de remerciements qui exprima son attachement à la vocation enseignante et au métier qu'il avait exercé avec un exceptionnel dévouement.*

*En voici de larges extraits.*

J'ai passé ma vie à l'école ; c'est ce qu'enfant je souhaitais. Mes parents qui eux n'avaient pas beaucoup été à l'école (car on avait besoin d'eux à la maison) ont fait des sacrifices inouïs pour que nous recevions ma sœur et moi l'instruction dont ils avaient été privés. Ils m'ont ainsi fait comprendre quel privilège c'était de s'instruire ! Je me trouvais à l'école mieux que chez moi et que nulle part ailleurs. Très tôt j'eus l'ambition d'être instituteur pour procurer à d'autres les mêmes joies, tout en poursuivant mes chères études. Je rêvais même d'être instituteur de campagne, c'est-à-dire le conseiller, le guide, le savant, le sage d'une communauté bien enracinée dans un sol. Y a-t-il au monde un plus beau métier?

C'est avec ferveur que je m'y préparais durant mes trois années à l'École Normale de Grenoble. Puis je préparais Saint-Cloud, l'École Normale supérieure d'enseignement primaire. Je pourrais ainsi devenir professeur d'École Normale, c'est-à-dire un instituteur « au carré ». Je débutais bientôt à l'École Normale de Bonneville où j'enseignais trois ans, puis je fus nommé à Lyon où je suis resté. Les joies que m'ont apportées ces longues années d'enseignement sont impossibles à dire. L'enseignement est une amitié, a dit Michelet. Je l'ai souvent éprouvé. Que de bonnes rencontres le long de ma route! Et qu'ils sont donc aimables ces jeunes esprits qui s'éveillent, avides de savoir et de juger, si neufs et si confiants! D'ailleurs, ces rapports cordiaux entre maîtres et élèves ne s'établissent pas directement, mais par l'intermédiaire d'une œuvre, d'un auteur, dans le culte du vrai, du beau et du bien, sur un chantier de travail et par l'exercice des arts les plus humbles, mais aussi les plus utiles : l'art d'écrire, l'art de lire, l'art de penser.

Étudier un texte littéraire ou écrire une page peut procurer un plaisir aussi vif que regarder un beau film ou écouter un ravissant concert, surtout si cet effort est fait en commun. La joie de chacun est multipliée quand on la partage avec trente garçons assoiffés de nouveau et prompts à l'enthousiasme. Et ce plaisir se renouvelle : un riche morceau, un beau sujet se prêtent à des commentaires jamais achevés. On ne s'en lasse pas plus qu'un bon pianiste d'interpréter Mozart. Chaque leçon réussie est une fête pour l'esprit et pour le cœur. Et dire que depuis quarante ans ma tâche professionnelle, mon devoir d'état, a été de goûter ces plaisirs délicats et de les partager avec des garçons rieurs ! C'est-à-dire d'aller de fête en fête !

Il y a, je le sais, les moments pénibles où les élèves sont imperméables, où le courant ne passe pas, où l'on est énervé par les enfants, comme à la maison, des moments où l'on se sent vide, sans élan, prêt à dire « bonjour tristesse ». Mais en vérité, ces heures sans joies sont loin de l'emporter dans le plateau de la balance. Franchement, si j'avais à recommencer ma vie, je n'en voudrais pas d'autre. Quand, touché par la maladie ou trop absorbé par des préoccupations majeures, j'ai eu peur d'être arrêté, privé de mes élèves, je n'avais qu'un désir, aller jusqu'au bout de ma carrière. M'y voici...

*Il soulignait alors le lien qui existait entre la vocation enseignante et la vocation charitable qu'il avait découverte ensuite et menée conjointement avec la première.*

Permettez-moi encore cette confidence en terminant : plus que mes adieux à ma profession, plus que l'hommage rendu à travers ma modeste personne à l'enseignement des lettres, ce qui rend pour moi cette heure si émouvante, c'est la pensée des sans-abri. Ils sont pour quelque chose dans l'honneur que je reçois et cette cérémonie est surtout au fond une manifestation de sympathie envers eux. En effet, s'il est une chose qui nous unit, si différents que nous soyons, c'est bien le désir que nous avons de voir disparaître cette affreuse misère des sans-logis dont je suis depuis bientôt quinze ans le témoin angoissé. C'est la première et la dernière fois que j'en parle en ce lieu : vous comprenez mon émotion! Je n'en ai encore jamais parlé pour de multiples raisons. Il m'était bon d'oublier, en arrivant au lycée, ce que je venais de voir au Foyer. Devant mon jeune auditoire et sa fraîcheur d'âme, devant cette jeunesse si heureusement protégée par son milieu contre le mal et la misère, dans ces salles de classe qu'on trouvait si bien chauffées en arrivant, les matins d'hiver, dans ce sanctuaire de la pensée où il faisait si bon respirer, je reprenais haleine et retrouvais mon équilibre. Tout m'y paraissait beau et facile par rapport à l'enfer dont je sortais. Entre ma vie professionnelle et, j'oserai dire, ma vie de famille, une cloison était dressée que je trouvais convenable et nécessaire. J'ai fait ce que j'ai pu pour la maintenir étanche. Je remarquais bien de temps en temps une petite fuite : quand un collègue ou un élève venait me demander par exemple, à la récréation, un logement de dépannage pour ses parents rapatriés ou pour son frère en projet de mariage, ou quand un jeune garçon d'une famille que nous avions relogée réapparaissait comme élève dans ma classe ou quand quelqu'un du lycée venait s'inscrire au Foyer pour y servir. D'autre part, ce que je voyais au Foyer ne cessait d'alimenter en profondeur mon enseignement, de creuser mon besoin de justice et d'idéal, d'orienter ma pensée vers les questions sociales qui se posent dans notre pays et dans le monde : problèmes de la famille, de l'enfance abandonnée, de l'alcoolisme; problèmes de logement jouant à la fois comme cause et effet dans les problèmes précédents; problèmes de la faim. Ce sera, nous l'espérons fermement, l'honneur de la génération qui monte de résoudre des problèmes que nous ne faisons que découvrir. C'est pour y chercher un idéal à enseigner à mes élèves que je suis allé parmi les pauvres.

Mais ces relations restaient intérieures et depuis quinze ans je menais, non sans peine, une vie et une tâche doubles ; j'y suis arrivé Dieu sait comment, me sentant souvent partagé, écartelé. Aussi ai-je éprouvé une sorte de soulagement qui m'avait été jusqu'à présent refusé, quand vous avez envisagé, M. le Principal et vous-même, M. le Recteur, d'inviter au Lycée mes nombreux amis du Foyer. Ils sont ici aujourd'hui avec mes collègues et les deux moitiés de ma vie sont enfin réunies. Je dirai de mes amis du Foyer comme il y a un instant de mes collègues : « Mieux que quiconque, j'ai été le témoin de leur dévouement obscur. Ils valent mieux que moi. C'est à cause d'eux, c'est par eux que je suis devenu, à Lyon, responsable des sans-logis. »

*Après sa mort, un de ses anciens élèves devait écrire dans* Lettre aux universitaires catholiques du Rhône :

*« C'est dans les années cinquante, au collège Chaponnay, que j'eus avec beaucoup d'autres la chance et même probablement la grâce d'avoir Gabriel Rosset comme professeur de lettres. Il nous apprit non seulement la littérature mais, à travers elle, nous fit découvrir les vraies questions, celles portant sur le sens de la vie… Nous avions tous conscience de vivre des temps forts, non seulement parce que ses paroles étaient en harmonie avec la générosité de la jeunesse, mais parce que nous savions tous que ses propos n'étaient pas de bonnes paroles mais qu'ils étaient au contraire l'expression d'un témoignage vécu. »*

*Son goût pour l'enseignement fut une des premières choses qui le poussa à franchir les frontières de l'école :*

Quand nous rencontrions le dimanche dans les rues de Lyon des travailleurs maghrébins, parfois très jeunes, errant par bandes, les bras ballants et paraissant s'ennuyer, nous rêvions de faire avec eux ce que nous faisions pour nos élèves, de leur offrir de visiter la ville et ses environs, de les aider à surmonter leurs difficultés de langue, de leur proposer une amitié accueillante et désintéressée. Tout cela nous prédisposait à ouvrir un foyer pour les sans-abri.

*Ailleurs, il dira :*

L'idée d'ouvrir un cours d'adultes ou de fonder une équipe sociale nous faisait battre le cœur.

*La rencontre qu'il fit ensuite de la misère n'allait pas abolir mais accomplir sa vocation enseignante :*

Que des hommes seuls ne gèlent pas dehors les nuits d'hiver et que des familles ne croupissent pas avec leurs enfants dans les immondices d'un bidonville était devenu pour nous une sorte d'absolu. En lui obéissant, nous allions retrouver un peu de l'enthousiasme que nous avions perdu au lycée. Il nous fallait désormais enseigner sans bruit de paroles, par des actes, dans la ligne de l'Évangile. Mais il n'était pas question pour autant d'abandonner l'enseignement. Nous ne pouvions déserter le champ de bataille de l'école où se jouaient l'éducation des enfants et l'avenir de la société. C'eût été lâcheté.

Une action sociale ou charitable exercée au détriment du devoir professionnel ou des obligations familiales nous a toujours paru suspecte. Ce qu'on donne en plus à d'autres hommes, il ne faut pas le retirer à ses proches. Nous avions la conviction, acquise au cours de notre formation professionnelle, qu'exercer consciencieusement un métier longuement appris et pour lequel on se sent fait est bien la meilleure façon d'aimer les hommes. Nous sentions que notre époque avait, par priorité, besoin d'enseignants dévoués à la jeunesse. Nous fûmes parfois tentés de quitter l'enseignement pour le service des pauvres. Mais l'idée de faire double tâche prévalut.

N'était-ce pas manquer à la prudence ? N'allions-nous pas négliger notre devoir d'état ? Tomber dans le surmenage ? Notre décision comportait de tels risques. Nous avons regretté la sainte solitude et senti la fatigue d'un travail devenu très lourd. Ce qui nous a permis de tenir, c'est que pendant vingt-cinq ans nous avions préparé des leçons et des corrections, acquis une expérience pédagogique. Par ailleurs, craignant que mes élèves ne perçoivent que je ne leur appartenais plus entièrement et que ma vie était désormais partagée entre eux et les sans-abri, je voulus garder secrètes mes activités du Foyer. Il me semblait plus convenable de n'en jamais parler en classe. C'était ma vie privée. Un professeur ne parle pas de sa famille à ses élèves.

Le Foyer allait m'offrir chaque soir une activité complémentaire de ma tâche professionnelle de la journée. L'une me reposait de l'autre. Elles s'équilibraient. Des travaux concrets, assez rudes, balayer, faire la soupe, accueillir les hôtes de passage, cela me sortait des livres et des leçons. Je n'avais plus le temps de couper les cheveux en quatre. Il fallait courir droit au but. J'avais tendance jusqu'alors à être trop abondant (j'étais le professeur « au long cours » emporté par son élan, et qui parfois commettait la faute inexpiable de rogner, avec le consentement des élèves, quelques minutes sur leur récréation). Je préparais trop mes cours et les rédigeais entièrement avant de les faire, ce qui m'amenait à les lire et à alourdir mes exposés. Mon temps étant désormais accaparé par le Foyer, il m'en restait tout juste assez pour élaguer mes notes, n'en retenir que l'essentiel. J'étais obligé d'improviser, ce qui rendait mon cours plus vivant.

De plus, tout ce que je voyais au Foyer me donnait du cœur à l'ouvrage. C'était chaque soir à notre porte des épaves humaines. À travers les propos de ces pauvres hères, je me représentais leur vie. Je les voyais quarante ans plus tôt parmi les collégiens à qui j'allais le lendemain expliquer Verlaine. En classe, je faisais le chemin inverse, je me demandais ce que seraient ces garçons quarante ou cinquante ans plus tard. Aujourd'hui intacts et pleins de promesses, que seront-ils à la fin de leur vie? J'entrais le matin dans la classe bien chauffée où les tables avaient passé la nuit à l'abri tandis que des hommes grelottaient dehors. J'y trouvais le calme, la sécurité, les joies les plus hautes de l'esprit mais je tremblais pour certains élèves qui ne voulaient pas croire à leur bonheur et qui déjà refusaient des biens précieux et glissaient mollement vers la fainéantise et les jeux interdits. Du lycée le matin à l'asile de nuit le soir, je parcourais dans un raccourci effrayant des vies d'hommes qui allaient s'égarer après être mal parties. L'expérience du Foyer me mûrissait, approfondissait l'enseignant que j'étais en lui donnant sur la vie de chaque élève un regard scrutateur et pénétrant.

Enfin et surtout, dernier avantage, étant obligé de sauvegarder à tout prix le temps nécessaire à mes cours et à leur préparation, j'appelai à l'aide des amis, des collègues, tous ceux que je sentais désireux de nous donner un coup de main. Le peu de temps dont disposaient les responsables du Foyer eut cela de bon qu'ils durent répartir le travail à faire (et cela dès le début) entre un grand nombre de bénévoles qui venaient passer une soirée ou une nuit par roulement chaque semaine ou chaque mois. Le Foyer conservera ce caractère ; son fonctionnement s'appuie encore aujourd'hui sur ces nombreux concours. Une forte équipe s'étant ainsi constituée, la misère insoutenable que nous observions à sa porte allait avoir de nombreux témoins oculaires. Par eux se forma, autour du Foyer, un réseau de sympathies agissantes et d'inlassables générosités.

Ainsi les choses pour moi prirent ce cours : d'un côté l'enseignement, de l'autre le service des sans-logis ; deux actions parallèles comme deux rails qui ne se rejoignent jamais mais sur lesquels le train roule. Deux mondes qui s'ignoraient et dans lesquels j'entrais alternativement, oubliant l'école chez les sans-abri et les sans-abri à l'école. Il fallut arriver à l'heure de ma retraite et à la cérémonie des adieux préparés par mon principal, mes collègues et mes élèves et à laquelle furent invités à ma demande mes amis du Foyer, pour que les deux moitiés de ma vie soient enfin réunies.

*Cette vocation de bénévole, Gabriel Rosset a montré par l'exemple pendant plus d'un quart de siècle comment on peut l'assumer sans renoncer à rien de sa vocation professionnelle. Pour faire face aux exigences sans cesse croissantes, et qui auraient été accablantes pour tout autre que lui, de serviteur des sans-abri, de constructeur, de tuteur des familles malheureuses, d'animateur des équipes de collaborateurs, de conférencier et d'écrivain sur l'œuvre du Foyer, jamais, donc, il ne pensa à renoncer à son métier d'enseignant. Il considérait au contraire que ces deux manières de se donner au prochain se complétaient et se vivifiaient l'une par l'autre. Pour se représenter ce que ce cumul pouvait exiger de lui, en disponibilité toujours souriante, en dépense de forces physiques ou spirituelles, il suffit d'emprunter à un des témoins de sa vie le tableau d'une de ses journées, en novembre 1959 :*

*« Beaucoup ont écrit et écriront sur l'activité et la vie débordante de Gabriel Rosset, mais sait-on à quel rythme cette vie si riche et si féconde fut vécue ? Faisant partie des privilégiés qui eurent la chance de le suivre et l'ayant eu fréquemment comme compagnon, un certain voyage à Bâle reste pour moi le plus rythmé de ces souvenirs.*

*« Gabriel Rosset, s'adressant à "l'ami chauffeur" m'a demandé de le conduire pour une conférence qu'il devait donner au Casino de Bâle sur l'activité du Foyer. Pour ne pas perdre de temps, l'horaire fut ainsi fixé : départ à 5 heures après messe et méditation ; 7 heures, rendez-vous à Annecy avec des dames de charité désireuses de reloger des Gitans avec l'aide du Foyer ; 9 h 30, Genève : entretien avec des musulmans du Croissant Rouge (la Croix-Rouge algérienne). Récupéré mon patron après 12 heures, moi-même très inquiet car les amis de l'abbé Pierre nous attendent à Lausanne pour déjeuner. Sortis de cette réunion vers 15 heures, je pense pouvoir effectuer les 150 km qui nous séparent de Bâle à une allure cette fois normale. Surprise : M. Rosset a prévenu des amis de Zurich que nous ferons escale chez eux. C'est vraiment impossible, je prends la décision de tirer au*

*plus court sachant que nous sommes attendus à Bâle entre 18 et 19 heures. La vigilance de M. Rosset n'est pas prise en défaut, mais je maintiens ma décision. Heureusement, car nous arrivons à Bâle à 18 heures…*

*« "Connaissez-vous Hans Holbein ?" Il faut avant toutes choses visiter le musée, que nous faisons ouvrir, ayant été reçus chaleureusement par le conservateur. Entre-temps les amis de Zurich, inquiets, ont téléphoné à différents postes routiers…*

*« Conférence. Dîner… nous terminons vers 1 heure du matin. Réveil à 3 heures, car il faut visiter Ronchamp. La route passe ensuite par Baume-les-Dames, ville natale d'Antoine Martel, le frère spirituel et l'ami d'En Haut. Avant de prier sur sa tombe, il faut déranger un curé éberlué par ces pèlerins qui demandent la communion à 11 heures. M. Rosset a un cours à 14 heures. Heureusement les limitations de vitesse n'existent pas encore. Chapelets et rosaires s'égrènent au fil des kilomètres. À 14 heures moins quelques minutes, la DS arrivait devant le Lycée Chaponnay à Lyon : le cours de français se faisait comme d'habitude pour les quatrièmes.*

*« Une journée féconde parmi tant d'autres… »*

# 3
# FORCE DE LA PRIÈRE

*Vie d'enseignant, vie du Foyer; ces deux volets déjà si prenants de la vie de Gabriel Rosset allaient trouver leur équilibre grâce à un troisième aspect, non moins important : la vie de prière.*

*Parmi les témoins les plus directs de sa vie et de son action, certains ont pu écrire :*

*« La consécration courageuse de toute sa vie et toutes ses activités ont leurs racines dans le Christ Jésus… »*

*« La spiritualité de Rosset se centrait sur la contemplation du Christ comme source de toute vie spirituelle et sur son invitation au service des pauvres. »*

## *À la Trappe de Notre-Dame des Dombes*

Notre charité s'use par l'effet de l'habitude qui, si elle rend l'effort plus facile, émousse notre sensibilité et augmente nos besoins. On s'habitue à la misère. Bientôt on doute de ce qu'on fait : à quoi sert ce que nous faisons ? À entretenir la paresse et l'ivrognerie ? Pris entre la compassion pour la misère physique, morale, mentale, et la nécessité de maintenir l'ordre et de sauvegarder la discipline indispensable, cette dernière doit avoir le dernier mot si on ne veut pas être acculé à fermer. On est amené à des refus. On se met en colère, on se durcit. On est affronté à des maux inexorables qui abîment les familles. Des détracteurs soulignent nos insuffisances, nous calomnient, on est de plus en plus accaparé par les soucis matériels. On s'occupe davantage des maisons que des hommes. On tombe dans l'activisme, de là dans l'inquiétude : « Tu nous as faits pour t'aimer, ô mon Dieu, et notre cœur sera inquiet tant qu'il ne reposera pas en toi » (saint Augustin). Il y a plus grave encore : dans la mesure où Dieu bénit nos efforts, nous rencontrons l'estime, la considération, les amitiés superficielles qui nourrissent l'amour-propre et la vaine gloire. Ainsi ceux qui font œuvre de charité peuvent être accablés et comme je comprends le désir du Curé d'Ars : « Laissez-moi aller au fond d'une Trappe pour pleurer mes péchés. »

C'est dans cet état d'esprit que je pris l'habitude d'aller me réfugier une fois par semaine à l'Abbaye Notre-Dame des Dombes. J'y arrivais au milieu de chaque semaine (pour rester de garde au Foyer le week-end) comme un homme harassé, comme un enfant désemparé, comme un assoiffé spirituel touchant au port. Enveloppé aussitôt de calme et de silence, je m'y remplissais de solitude, de paix, de sommeil. J'y faisais, pour combattre la tension nerveuse, de longues marches à pied dans le paysage un peu envoûtant de la Dombes avec ses étangs clairs, ses petits bois pleins d'oiseaux, ses pâturages. J'y recevais une hospitalité d'une qualité très supérieure à celle que nous offrons à nos hôtes dont je retrouvais quelques-uns et avec qui je partageais, à la même table, une nourriture saine. Ces bienfaits me mettaient en confiance pour recevoir des joies plus hautes. Dieu m'attirait là par le bain de calme et de paix que j'y prenais, par le dégagement que j'y trouvais des soucis quotidiens du Foyer, la facilité d'y travailler et surtout la possibilité d'y prier davantage.

### *En prière à la Trappe*

Le 3 janvier 1973

En arrivant à la Trappe à 7 h 30 du matin, pour la messe communautaire, je me suis laissé imprégner par la mélodie si apaisante et purificatrice du grégorien qui est comme la clef d'un autre monde, sublime, surnaturel, le monde des âmes, qui n'est pas celui dans lequel nous vivons ordinairement, hélas. Un autre être s'éveille en moi. Dieu est là et je suis près de lui, comme un enfant près de sa mère, comme un violon entre les mains de l'artiste. Quelle harmonie en moi !

Je me suis risqué à lui confier tout ce qui m'inquiète, m'arrête, me heurte, tout ce qui me paraît impossible, et je lui ai demandé les miracles dont j'ai besoin pour moi, pour les autres, par exemple qu'il m'envoie un successeur au Foyer pour assurer son avenir. Il m'a répondu très clairement qu'il pouvait faire ce miracle et que s'il ne le faisait pas c'est que telle n'est pas la divine Volonté. Et qu'elle est infiniment préférable à la mienne. Cela, je le comprends sans peine! Et qu'il me donne d'aussi grandes preuves de sa puissance et de son amour en me donnant mon pain quotidien et au fur et à mesure, en répondant à nos besoins, chaque jour suffit sa peine, que tout est miracle, un miracle aussi grand que ceux que je demande, dans tout ce qui nous arrive au Foyer.

Le frère Étienne vient de frapper à ma porte. Il entre avec sa grande barbe et ses yeux rieurs : « bonne année » à voix basse et il me donne deux fois l'accolade fraternelle puis il sort aussi discrètement que possible. Je sens sa tendresse, ses prières. C'est ravissant.

Tous les soucis, les contrariétés, les souffrances que nous apportent les autres, sont des grâces de Dieu, des choses à transformer par la patience, la douceur, le renoncement à soi, le sacrifice; aimer ceux qui nous font de la peine est dur, c'est le fil de l'Évangile. J'ai conscience des miracles de l'amour que Dieu fait à tout instant pour nous et que nous voyons clairement avec leurs raisons, dans la cellule la plus secrète de notre âme.

Le 7 août 1974

Je m'accroche à l'oraison vitale qu'on fait le matin et qu'on poursuit au long du jour dans toutes nos occupations.

Il n'y a pas de plus grand amour que de donner sa vie pour ceux qu'on aime. On peut vivre cela dans l'Eucharistie. Alors on donne tout, on se donne à tous en commençant par ceux que Dieu nous a donnés et à qui nous nous sommes donnés le plus. Et après, ce qui nous est demandé : ce que nous avons à faire et à souffrir ne fait que renforcer, détailler ce don principal. J'essaie de vivre un peu cela, de m'établir par la prière et surtout la prière eucharistique dans ce don de moi-même et de le monnayer ensuite au fil du jour dans des actes de patience, de courage, d'amour.

### *Ta force est dans la prière*

On peut voir une réalité à des degrés de profondeur variables. La vue la plus pénétrante que nous puissions avoir de ce que nous faisons ensemble au Foyer est qu'en abritant des hommes et des familles en détresse faute d'un toit, qu'en recevant nos frères malheureux, c'est l'œuvre de Dieu que nous faisons. Dans une tâche si chrétienne et si humaine nous pouvons tous, croyants et incroyants, partager cette intuition. La perdre est le plus grand danger que nous puissions courir. À force d'agir et de penser, de travailler et d'édifier, nous pourrions être tentés de croire que ce qui a été fait est le résultat de nos efforts et que le Foyer est notre œuvre. Tomber dans cette illusion, céder à cette tentation, serait nous couper de la source des inspirations fécondes, des soutiens providentiels, des trouvailles merveilleuses de la charité. Aussitôt nous serions alors abandonnés à notre propre misère.

Que Dieu nous garde de ce malheur! Prions le Seigneur, amis, vous surtout qui dans les monastères ou sur vos lits de souffrance vous offrez au Seigneur. Prions pour que tous ceux qui participent à notre effort de loin ou de près, donateurs, serviteurs, et habitués du coup de main, engagés volontaires, bénéficiaires de nos travaux, dirigeants, comprennent qu'ils font à la suite de Notre-

Dame l'œuvre de Dieu, qu'ils n'en sont que les serviteurs inutiles. C'est ainsi qu'ils serviront le plus efficacement, le plus généreusement. L'Immaculée Conception par sa messagère la petite Bernadette a rappelé à tous les hommes l'urgence de prier et de se convertir. C'est ainsi que nous ferons tous ensemble l'œuvre de Dieu. Il faudrait que nous puissions dire, non avec des paroles mais par notre témoignage, à tous ceux qui viennent s'engager parmi nous au service des pauvres : « Ta vie sera belle dans la mesure où pour accomplir ton devoir, et avec l'aide de Dieu, tu feras reculer les limites du possible. Alors tu connaîtras, par expérience, la force en toi du Dieu vivant, ta charité prendra sa source dans la prière, la tienne et celle des autres. »

### *À un ami – Le 18 janvier 1973*

Cette vie profonde et l'enthousiasme qui l'accompagne en des temps privilégiés feront place, vous le pressentez vous-même, à des temps de sécheresse et de découragement.

C'est fatal, l'habitude remplace la ferveur et la joie spirituelle la plus profonde s'émousse. Sainte Thérèse de Lisieux, dont nous préparons le centenaire, l'a durement éprouvé, sa foi même semblait avoir disparu, dure épreuve. Nous devons nous préparer à cette disette qui produira des fruits spirituels pour les âmes, dans les temps d'abondance comme celui où vous êtes. J'ai, moi aussi, connu de grandes joies intérieures à la Trappe. Je sens qu'elles s'effacent un peu. De même au Foyer. Je suis comme un cycliste qui peine à la montée avec un bagage qui augmente sur son porte-bagages. Mais il s'accroche à la prière, comme un véhicule qui le laisse faire et s'y prête. Dieu est si bon. Jésus est toujours là. Il n'y a qu'à prier.

Prions, cette semaine, pour l'unité des chrétiens entre les églises, et entre les services du Foyer.

### *Témoignage d'un trappiste*

*Gabriel Rosset aimait réciter et faire réciter le « Je vous salue Marie ». Son culte de la Vierge était simple et filial.*

*C'est sur ce côté marial que je voudrais apporter mon témoignage. Gabriel Rosset était infiniment discret dans ses rapports avec les membres de notre communauté monastique. Il avait trop bien compris en profondeur le sens de notre vie toute intérieure, toute d'intimité avec le Seigneur pour n'en pas respecter la nécessaire solitude. Il aimait notre silence et ne recherchait pas les entretiens. Je ne me souviens plus pour quelle raison j'ai demandé la permission d'aller le voir en sa chambre de notre hôtellerie. En entrant je le trouvai debout : son énorme serviette de cuir, bourrée de documents, se trouvait à même le parquet. La table aussi en était encombrée. Sur le lit un petit livre était ouvert. Mais je n'y prêtais pas autrement attention. Notre entretien terminé, je sortis dans le couloir, fis quelques pas ; puis soudain je m'aperçus d'un oubli et revins frapper à la porte. Mais comme je venais juste de le quitter, je n'attendis pas, ainsi que la correction le demandait, qu'il m'eût répondu « entrez ». J'entrebâillai la porte aussitôt et je fus bien édifié de voir le cher monsieur Rosset à genoux au pied de son lit, lisant le petit livre que, tout à l'heure, j'avais vu ouvert à la même place. Je m'excusai. Il eut alors un bon sourire avec ce regard merveilleusement enfantin qui donnait tant de charme à sa physionomie et il me montra le volume. C'était le* Traité de la Vraie Dévotion à la sainte Vierge *par saint Louis-Marie Grignion de Montfort. Je le connaissais bien ce merveilleux petit livre. À mon entrée au Monastère, il avait même joué un grand rôle dans ma vocation. Et puis, je l'avais laissé de côté. Il n'était pas vraiment entré dans ma vie, tandis que j'avais bien l'impression en écoutant M. Rosset qu'il n'en était pas ainsi pour lui. Lire un livre à genoux, c'est le traiter un peu comme la sainte Bible, c'est presque en faire un sacrement, une communion.*

*Sa dévotion mariale était à la fois populaire, presque enfantine et profondément théologale. M. Rosset était sensible mais non point sentimental. Il aimait les pèlerinages. Les dernières années de sa vie, il a trouvé le moyen d'aller avec ses sans-abri et ses collaborateurs et amis, à Lourdes, Fatima, Pontmain, Beauraing, Banneux. C'était la pointe, la cime mystique de chaque voyage, qu'il terminait toujours, en vrai Lyonnais de cœur qu'il était, par une visite à Fourvière.*

*Quelle joie et quelle fierté c'était pour lui à cette occasion de déployer la bannière de Notre-Dame des Sans-Abri ! Dans la relation qu'il fit dans* l'Arche n° 78 *du pèlerinage à Fatima, il note ce détail touchant : « Le lendemain nous avons contemplé quatre petits enfants assis et couchés à terre sous notre bannière à l'enseigne Notre-Dame des Sans-Abri. C'était très joli. »*

*Mais Gabriel Rosset était aussi un esprit exigeant. Sa formation, son long exercice du professorat, la profondeur de ses convictions religieuses, le sérieux de son caractère, tout en lui l'incitait à dépasser le superficiel. Dans son comportement il se révélait homme des profondeurs. Comment sa dévotion mariale aurait-elle échappé à cette dimension de son être? Aussi je ne puis que reprendre le terme que j'ai choisi plus haut : « théologale ». Oui! Sa dévotion mariale était théologale. Je préfère cette épithète à celle de mystique, bien que cette dernière aussi soit exacte, mais elle est ambiguë.*

### *Le chapelet, liturgie du pauvre*

La sainte Vierge se serait-elle trompée en demandant aux voyants de la Salette, de Lourdes, de Fatima, de réciter leur chapelet en l'égrenant avec eux, en se donnant le nom de Notre-Dame du Rosaire? Nous avons compris au contraire à Fatima quel don précieux et toujours valable la sainte Vierge nous a fait voilà des siècles. Commençons par des considérations très humbles : le chapelet est une prière facile à dire; quand on est fatigué, quand on a les yeux brouillés et le cerveau vide, qu'on n'a plus la force de lire une prière ou de s'en rappeler les paroles, on peut encore réciter le chapelet. En voiture par exemple, la récitation du chapelet ne gêne pas l'attention, au contraire, elle met à l'abri d'autres distractions. Dans la semi-conscience d'une insomnie, on peut dire son chapelet. (Penser, réfléchir, lire, nous réveillerait et prendrait sur notre repos.) On peut dire le chapelet en travaillant manuellement, en faisant le ménage, en cultivant son jardin. On spiritualise ainsi le travail de ses mains. La répétition de cette prière à un degré rudimentaire a quelque chose de la douce psalmodie des moines. Elle calme nos souffrances par la joie de prier et la confiance d'être entendu de quelqu'un qui nous comprend et qui nous aime.

Le chapelet est facile à dire ensemble, partout. Le chapelet est la liturgie du pauvre, de l'isolé, du souffrant, de l'homme affairé. La répétition des Ave est un cri d'appel, toujours le même, le cri du naufragé qui appelle au secours. Il ne fatigue pas, il soulage. Et qui dit répétition dit fidélité.

Et il peut nourrir l'esprit et le cœur beaucoup plus qu'on ne le croirait au premier abord. En disant son chapelet, on pense à ceux qu'on aime, on demande à la sainte Vierge de les protéger, on fait « le tour de son cœur ». Le bon pape Jean XXIII, qui a bien été le plus moderne et le plus audacieux de nos grands papes, le plus ouvert au monde et le plus aimé de tout le monde, récitait son rosaire, soit trois chapelets chaque jour. Le rosaire, a écrit Newman, c'est le « credo tourné en prière » et Mgr Garrone commente cette belle définition : « Le rosaire, c'est la mère de Jésus nous prenant par la main, nous introduisant en son propre domaine pour nous apprendre à épeler avec elle, en sa propre histoire, les mystères de Jésus en qui on trouve Dieu. Si bien que par cette humble prière, on peut en partant de presque rien, arriver à tout. Ce n'est pas seulement le chapelet qui est contesté par ceux qui n'en ont pas l'expérience, c'est le rôle même de la sainte Vierge dans le plan divin du salut.

# III
# CARNETS

*Gabriel Rosset, en dehors des textes destinés à la publication, a aussi tenu, jour après jour, un carnet personnel. 140 cahiers sont ainsi conservés au Foyer Notre-Dame des Sans-Abri. Ce n'est donc qu'une infime partie de ceux-ci qui est ici publiée.*

*Beaucoup de passages, d'ailleurs, portent sur des questions particulières, des problèmes quotidiens, etc.*

*Mais quand le ton s'élève, on sent que Gabriel Rosset est littéralement habité par cette phrase de l'Évangile : « J'étais sans abri et tu m'as accueilli. » C'est tout naturellement autour de ce thème de l'abri que ces notes sont rassemblées.*

*Cependant, pour la partie la plus intérieure, la plus personnelle, nous avons préféré garder l'ordre chronologique.*

# 1
# LE BESOIN D'UN ABRI

Je ne veux pas être pris pour un objet, comme par ce médecin, ce professeur qui me juge.

Un sujet a besoin d'un abri – d'une vérité, d'une lumière, d'un choix, d'un amour.

Un objet non.

Homme déraciné, sans communauté, sans fécondité. Société de sans-abri : objet. Il ne lui reste que la liberté (une liberté de détruire et de se détruire) (Sartre, Sagan).

*Carnet 54. 1969*

Une société sans abri, sans autre abri qu'elle-même pour se défendre est féroce contre ceux qui la menacent :

ou à l'abri d'un tyran, d'un seul homme,

ou à l'abri de Dieu, vraie démocratie.

La neige est tombée tout l'après-midi. Une bise glaciale souffle sur la ville. On accélère la rentrée pour que la troupe d'hommes qui arrive n'attende pas trop longtemps à la porte.

Beaucoup présentent des cartes d'un mois pointées de la veille, ils entrent aussitôt sur 2 files. Peut-on appeler les provisoires (ceux à qui on a retiré les cartes par devoir, parce qu'ils ont été indisciplinés et qu'ils sont au Foyer depuis trop longtemps) ? Enfin on prend les nouveaux. Tout le monde est entré, sauf deux qui ont été exclus parce qu'ils nous ont rendu la vie impossible dans la maison : ivresse, bruit et désordre dans le dortoir, coups, blessures.

On a pardonné une fois, plusieurs fois sans résultat. Le désordre, le mauvais exemple se répandent comme le feu. Après on n'est plus maître de la situation. Si on les laisse faire, on sera bientôt… obligé de fermer. Ce soir donc j'ai refusé ces deux hommes malgré le froid et tout en sachant qu'ils ne trouveront que très difficilement, que sans doute ils ne trouveront pas d'abri protecteur contre le froid. Où iront-ils passer la nuit ?.. dans une cave, sous un pont, dans un chantier en construction. Comme ils vont grelotter jusqu'au jour ! On frémit rien que d'y penser. Je réfléchis. Je me demande comment on peut être amené à un refus si incompréhensible, si monstrueux.

Mon refus est celui de la petite société dont je suis responsable, le Foyer des Sans-Abri, la société des sans-abri qui vit sous le toit se défend.

Un homme dans le besoin, il est dans son droit, droit matériel. S'il est seul dans la nature, l'homme matériel dont parle Rousseau peut satisfaire ses besoins s'il veut. Il est bien libre, heureux, il se fait une cabane, il construit un chemin, il ramasse du bois, etc.

Situation de ceux qui couchent dans la maison. Il faut

qu'ils respectent le règlement de la petite société dans laquelle ils entrent : propreté.

Il ne faut pas qu'ils fassent chavirer la barque, sinon il faudra les jeter par-dessus bord.

Problèmes de la société pas encore résolus.

*Carnet 69. Février 1970*

Quand un pays, un monde n'est plus à l'abri du brigandage, du scandale et de la corruption, il faut se protéger, se défendre, fuir ce pays et ce monde :

par la fuite

sainte Thérèse de Lisieux à l'abri du froid, de la faim,

de la peur

se protéger contre

à l'abri d'un toit, d'un amour, d'une vérité

se protéger par

la lumière et l'ombre ne font pas le même effet

à l'abri de la lumière, on est en pleine lumière

à l'abri de l'ombre on s'éclaire des ténèbres

à l'ombre des ténèbres et de la mort

à l'abri de la pudeur

se mettre à l'abri de l'impudicité des modes indécentes

tu ne tueras pas

tu ne voleras pas

tu ne convoiteras pas la femme de ton prochain.

Les anarchistes se jettent dans l'eau pour ne pas se mouiller.

*Carnet 63. Août 1969*

*À l'abri de la vérité* – Un coupable qui nie l'évidence pour échapper au châtiment qu'il mérite, quand il est confondu par des preuves matérielles, par la réalité que constituent les traces de son crime, finit par avouer pour se mettre à l'abri de la vérité.

Un pays, une race constituent des réalités; on vit à l'abri de son pays, de la race, tandis qu'une idée est sans corps, sans abri.

Il faut une réalité plus vaste pour abriter, ou la race ou Dieu : on ne peut pas faire entrer quelque chose de plus grand dans quelque chose de plus petit.

L'idée de fraternité universelle ou de paix dans la réalité de la famille, du pays, de la nation, de la race.

Il ne faut pas nier l'évidence.

*Carnet 63. Août 1969*

L'abri fait partie de moi-même. Sans abri nous sommes amputés de l'écoute extérieure, de l'enveloppe de nous-mêmes.

« Le plus beau pays, c'est le mien »
de même la maison
de même la famille
de même le travail
c'est un thème connu.

On pourrait dire aussi : je préfère cette habitude parce que c'est la mienne. On vit à l'abri de ses habitudes.

*Carnet 63. Août 1969*

Je suis à l'abri de mon corps quand je me porte bien, sous la protection de mon corps.

Je ne suis pas à l'abri de la tentation, pas plus que de

la maladie. C'est la pire des maladies, celle du cœur, de l'esprit, de la volonté.

Être tenté c'est voir le mal, comme je vois le bien avec le même attrait, le même désir.

Personne n'en saura rien. Complicité dans le mal ; même l'amour s'offre à nous surtout l'amour dans la tentation. C'est pourquoi elle est si forte.

À l'abri des orages de la vie.

Ô mon Dieu, Trinité que j'adore : je dis mieux cette prière après la communion. S'arrêter quand on y est.

*Carnet 77. Octobre 1970*

*À l'abri de Dieu* – Pour s'élever, se surpasser, sortir de soi, s'exalter, être ravi. À l'abri de Dieu, goutte dans la mer. À l'abri du diable et à l'abri de soi, c'est la même chose.

À l'abri de quelque chose, de quelqu'un sans quoi on périt de froid, d'ennui, ce fond inexorable de l'âme humaine. Tous les pays qui n'ont pas d'abri métaphysique sont condamnés à mourir de froid, même les morts ont besoin d'un abri : le cimetière, la terre, les cendres, l'air, la fumée des fours crématoires ne peuvent se dissoudre dans le néant. Et les âmes ont besoin d'une Église ; en France, il n'existe pas de village sans église et sans cimetière.

*Carnet 130. 21 avril 1974*

Dieu tu es mon seul abri, le seul indispensable. Ne pas faire des autres abris, ma maison, ma profession – le pouvoir établi, mon Dieu ce serait en faire des idoles.

*Carnet 130. 24 avril 1974*

# 2
# L'ABRI D'UN AMOUR

Abriter quelqu'un, le prendre sous son aile, c'est ça l'amour.

Aimer un enfant. L'homme qui aime une femme la prend sous la protection de sa force – la femme sous la protection de sa tendresse.

On aime les sans-abri du moment qu'on les abrite.

*Carnet 69. Février 1970*

Un bon religieux, un trappiste, un chartreux a dans sa vie, une couronne d'amitiés : pures et ardentes.

Nous croyons en l'homme parce que nous croyons en Dieu, nous croyons en Dieu parce que nous croyons en l'homme.

*Carnet 70. Avril 1970*

Le Christ en se faisant homme a donné une valeur infinie aux moindres choses qu'il a faites en tant qu'homme. Il a donné une perfection absolue à tous les désirs, pensées, actions des hommes même les plus petites. En rabotant une pièce de bois, dans l'atelier de saint Joseph, en balayant la maison, en lisant, en faisant une commission pour sa mère, il rendait gloire à son Père autant que lorsqu'il était au ciel. Quand on agit pour Dieu, par charité, en union avec le Christ, en servant ses membres souffrants comme on essaie de le faire au Foyer, tout ce qu'on fait de plus humble : balayer, éplucher les légumes, faire la vaisselle, taper à la machine, car on y travaille non par intérêt, mais en esprit de service, c'est tout faire pour la gloire de Dieu, dans le Christ, par lui et en lui.

*Carnet 128. 1974*

Une vie chrétienne est un miracle de l'amour. Nous avons presque tous éprouvé cela, je pense, dans notre première rencontre, notre cœur à cœur avec Jésus. Il m'a dit : plus tu es faible et mieux ça va. Je serai ta force. Je t'aime à cause de ta misère. Et puis nous avons oublié que nous étions le héros de cette extraordinaire victoire d'amour que Dieu nous a annoncée par ses prophètes et par Jésus Christ et qui se réalise actuellement dans ma vie et celle de tous les hommes – les plus vils, surtout les plus vils, les plus souillés.

Notre vie est une histoire d'amour. Nous sommes la pauvre bergère que le prince charmant vient mettre sur son trône. Si nous croyons à l'Amour, Jésus rendra notre cœur semblable au sien. Le Saint-Esprit viendra en nous, nous guérirons les malades et évangéliserons les pauvres comme lui. Ce sera pour nous tous les jours la fête et, comme saint François, nous inviterons tous ceux que nous rencontrerons à cette fête de l'Amour.

*Carnet 130. 27 avril 1974*

Aimer comme Dieu...

Chacun de nous est aimé... Il y a prédilection.

Vous et moi nous étions dans le cœur de Jésus au Calvaire. Il pensait à chacun de nous.

Comment sera-t-il lointain puisqu'il est créateur? La création part de rien et donne tout. Je ne suis pas aussi intime à moi que Celui par qui je suis moi. Toute grâce est signe éternel de l'amour de Dieu.

*Carnet 76. Septembre 1970*

*Aimer les pauvres* – À l'abri d'un amour, de l'amour de Dieu.

Je t'aime parce que tu n'es pas aimable, parce que tu n'as pas été aimé.

Je t'aime pour te rendre aimable.

Je t'aime pour *me* rendre aimable.

Ainsi parle Dieu.

Il semble ne pas être et *il est.*

Il semble absent et c'est pour se rendre infiniment plus présent dans l'Amour.

Il semble ne pas aimer et il aime.

Il semble ne pas être puissant et il est tout-puissant.

Il semble se taire, il parle.

*Carnet 131. Mai 1974*

Un pauvre, c'est quelqu'un qui n'a rien parce qu'il a Dieu. Si Dieu remplit un cœur, celui-ci est vide de tout, c'est l'esprit de pauvreté. Il faut vivre dans la pauvreté avec les pauvres. Le pauvre comme le riche doit remplir son cœur de Dieu. Après l'un et l'autre sont pauvres ; le premier ne vit plus pour ce qu'il ne peut pas avoir, le second pour ce qu'il ne veut pas avoir.

*Carnet 79. Novembre 1970*

Dans quelle attitude, dans quel état d'esprit

– faire entrer quelqu'un dans la maison

– donner une bonne soupe chaude à quelqu'un qui a faim

– nettoyer un pauvre corps couvert de poux, bêtes, laver les pieds.

C'est un geste divin.

De jeunes volontaires bâtissaient une maison pour une famille entassée dans une cave, dans un quartier ouvrier très pauvre, plein de taudis et de baraques...

Je ne sais pas si Dieu existe... Dieu, c'est ce que vous faites.

Le Christ, pour nous faire comprendre que Dieu est amour, nous invite, pour aller à Dieu, à soulager, à réconforter ceux qui pleurent, ceux qui souffrent, à panser des blessures, à rendre service. Il s'est identifié avec ceux qui ont faim, qui ont soif, qui sont nus, sans habit. – Jugement dernier –

Il nous apprend à voir, dans les malheureux, des élus ; ceux qui ont été malheureux injustement seront heureux. Et ceux qui ont été heureux sans se soucier des malheureux, sans pitié, seront punis. – Lazare –

Il m'a donné pour modèle le bon Samaritain et l'hôtelier, et il a blâmé le prêtre, le lévite, qui ont passé outre. Quand nous arrivons à être vraiment charitable, doux et bon, compatissant, à nous mettre à la place des autres, à faire un sacrifice pour eux, en venant ici, bien que n'en ayant pas envie, à écouter, à faire un geste qui nous répugne, à passer la nuit, nous sentons que nous sommes près de Dieu, que notre lampe est allumée.

Mais c'est très difficile d'être cela, l'homme nouveau que Dieu veut que nous devenions : l'impatience, l'égoïsme, l'irritation, l'orgueil ont vite repris le dessus. C'est le fond de notre nature. Saint Jacques nous le fait comprendre.

Et pour être vraiment doux et accueillant avec les plus déshérités, il faut la grâce de Dieu et puis avec la grâce il faut le demander souvent, longuement, dans la prière.

À la piccola casa, le premier et le plus important travail c'est la prière. Lorsque je suis charitable, c'est Jésus seul qui agit en moi. Plus je suis uni à lui, plus aussi j'aime.

Propositions : complies à 18 h 50
matin, veille de nuit à 6 h 30 précises.

Nous devons aussi être vigilants et lucides – perspicacité – nous devons avoir du discernement et de la prudence, – circonspection.

Pendant quelques jours nous aidons des malheureux à manger et surtout à dormir. Nous sommes la barque qui recueille un naufragé de la vie. Ce répit, cette sécurité relative peuvent permettre à un homme, à un étranger de trouver du travail, une chambre à la Maison du travailleur étranger.

1° – Il faut voir le bien : ceux qui s'élèvent, ceux qui nous aident dans la barque.

2° – Il faut voir le mal, ne pas entretenir le vice :
outil, instrument, barque
levier, point d'appui la bonne volonté.

*Carnet 76. Septembre 1970*

« Oh le beau tilleul » s'exclame M. F. qui vient me faire visite à La Côte-Saint-André.

– Je ne l'ai pas planté. Il a poussé tout seul. Mon seul mérite a été de ne pas l'arracher.

Il en est de même au Foyer, mon seul mérite a été de ne pas arracher ce que Notre-Dame des Sans-Abri a planté et fait pousser, par Jésus Christ.

*Carnet 86. Juin 1971*

# 3
# À L'ABRI DU TRAVAIL

On a besoin d'entrer dans son travail comme dans sa maison pour s'abriter. Le travail commande. En travaillant on ne se fait pas que la main, on se fait tout entier. La paresse, c'est de laisser le travail à faire de côté, de s'occuper d'autre chose, etc.

On ne peut se mettre à l'abri du travail de l'usine. Le travail ne protège plus. Autrefois on pouvait construire sa maison, ramasser du bois, se chauffer. Maintenant tout en travaillant on peut être sans abri.

À l'abri d'exercices physiques, travailler avec son corps chaque matin. Travailler en imagination, le travail discipline notre imagination, la met dans la réalité.

Le travail nous prend dans son rythme qui est un rythme d'effort et de vie d'effort en équipe.

Le travail est d'abord un fardeau comme un tronc d'arbre qu'on porte sur ses épaules, mais l'ouragan, le déluge arrivent qui submergent tout, et alors c'est le travail qui nous porte, auquel on s'accroche quand tout vacille.

*Carnet 73. Mai 1970*

La plus grande satisfaction qu'on retire du travail est l'accomplissement du devoir d'état.

Valeur infinie du travail fait avec Jésus Christ qui a ainsi divinisé nos moindres actes et en particulier le travail.

Le reste, le gain, le compliment, la réussite, n'est rien à côté de cette satisfaction profonde.

Je loue Dieu, je le sens et je l'aime, ma vie prend un sens, je fais œuvre bonne et utile, j'achève la matinée en corrigeant un texte, en l'améliorant, en l'achevant.

À la fin de ma vie, le Seigneur m'a fait la grâce de comprendre que j'étais appelé à la vie religieuse et avec cette grande joie, il me donne la souffrance de n'avoir pas répondu à l'appel, sans qu'il y ait eu conscience nette de ma part d'avoir refusé.

*Carnet 72. Avril 1970*

On se repose d'un travail par un autre travail. C'est ce qui fait la supériorité du travailleur intellectuel qui a un métier en main et du manuel qui a acquis une formation intellectuelle. Ce n'est pas que le travail intellectuel ait une dignité plus grande, car il y a des travaux manuels qui sont nobles et qui requièrent beaucoup d'habileté et de fine intelligence, de justesse du regard et de dextérité de la main.

Le monde est plein d'idées fausses. Mais pour chasser ces idées, les vaincre, les ruiner, il faut manier les idées. Parler. Écrire contre les idées dangereuses. Cette contradiction ridicule qui parle pour dire qu'il ne faut pas parler.

À la Trappe on se repose du travail par la prière et réciproquement.

*Carnet 131. 17 mai 1974*

Vannerie, cueillette. Unir les deux en faisant un panier. Recherche des tiges de sorbier. Ce qui intéresse c'est de recevoir chaque baguette comme un don et le don se renouvelle tant qu'on veut et il est de plus en plus joli à mesure qu'on cherche. Qui cherche trouve. La veine est inépuisable. De toutes formes, de tous gabarits, il y a des tiges d'un élan gracieux, d'une sveltesse rare, d'un maintien, d'une beauté merveilleuse.

Cette grâce, cette profusion, cette beauté est la manière de donner de Dieu. Si la manière de donner vaut mieux que ce que l'on donne, la délicatesse, les prévenances, les facilités, les attentions du Père qui donne à son enfant sont extraordinaires. Aujourd'hui je trouve, en allant au refuge Jean Collet, des myrtilles ; en cette saison, c'est inespéré. Je les aime beaucoup. Celui que j'aime et qui m'aime a eu cette prévenance. Elles ont un goût savoureux, profond, légèrement fermenté après une maturation parfaite. Les feuilles sont déjà tombées, mais les fruits restent attachés comme si les lois de la nature étaient faites pour le bonheur et même le plaisir de l'homme. Il y a quelques myrtilles qui tombent quand je vais les happer mais un lit de mousse très propre les reçoit et je les trouve aisément. Je vais chercher une baguette de sorbier et je tombe sur un parterre de myrtilles.

Dieu nous fait de ces surprises, car il est prodigue de ses biens.

*Carnet 77, 17 octobre 1970*

Quand on a un jardin, une terre, il y a toujours quelque chose à faire pour les enfants, ils prennent ainsi l'habitude de ne jamais rester sans rien faire...

La mauvaise herbe qu'ils arrachent dans leur vie, comme dans la terre.

On s'intéresse aux plantes, aux fleurs qu'on fait pousser, sympathie, osmose. On est leur créateur. « Il n'y a plus de jardiniers d'enfants » disait Saint-Exupéry, c'est peut-être parce qu'il n'y a plus de jardins, tout court.

Frère Yves vit de cela dans la prière. On ne peut tout à fait vivre sans pain.

Autrefois, j'étais très exigeant, je me reprochais de préférer la culture des roses de mon jardin de la Côte au pur amour de Dieu. Maintenant je suis obligé de m'intéresser au jardin pour ne pas sombrer dans le cafard, l'inertie, le laisser-aller.

*Carnet 85. Avril 1971*

M. B., soixante et onze ans, horticulteur de la Trappe, travaille sans arrêt, dès 5 heures du matin, arrose, entretient.

Il se donne à ses fleurs, à ce sourire de la beauté qui accueille les hôtes et qui s'en va avec les saisons.

Pendant ce temps les moines, ces jardiniers des âmes (Saint-Exupéry) travaillent pour ce qui ne passe pas. Mais à cause de l'Incarnation, le travail de M. B., parce que Jésus a cultivé des fleurs, est divin lui aussi. Il en restera quelque chose – la beauté des fleurs est un reflet du ciel et purifie les âmes qui les contemplent. Et inversement le travail spirituel des âmes doit être équilibré, complété, incarné dans un travail humain matériel.

*Carnet 88. Juillet 1971*

# 4
# LE TEMPS DONT NOUS SOMMES L'HÔTE

Tout s'use, le savon avec lequel je me lave, l'huile de la lampe qui m'éclaire – on s'en aperçoit moins quand on s'éclaire à l'électricité – le tas de bois ou la provision de mazout dont je me chauffe, comme le pain et le vin que je consomme; la clepsydre se vide comme le temps s'écoule et comme ma vie s'en va. Or, tout mon effort consiste à aller en sens contraire de cette érosion générale, à réparer, à remplacer, approvisionner, colmater, consolider, remplir ce qui se vide, conserver ce fruit ou cette viande qui vont se gâter et se corrompre en les congelant; mais il est impossible de remonter le cours du temps. Ménagez-vous, conservez-vous, reposez-vous, guérissez-vous, on a besoin de vous. Mais il y a quelque chose dont je ne peux me guérir, c'est la maladie de vieillir que nous avons tous.

Et pourtant ce courant rencontre dans la nature un contre-courant; à la soustraction, à la diminution, à l'appauvrissement général, s'oppose un plus qui sort du moins, une addition, une augmentation, un enrichissement, c'est le miracle de la nature.

Ce miracle je l'ai tous les jours sous les yeux, c'est le miracle de la vie : l'arbre qui sort de la graine, qui sort du fruit et qui va produire des quantités de fruits, fécondité extraordinaire. Ce courant est à moi, c'est celui qui traverse, qui soutient mon être, tandis que mon avoir s'appauvrit sans cesse. Garder en nous le pouvoir des graines. Les êtres ont ce pouvoir qu'ils reçoivent de l'Être.

*Carnet 88. Juillet 1971*

Quand on se situe sur le plan de l'être, on est en plein dans le réel, on a le sens de la réalité, on est accueilli partout, abrité partout, relié à tout. Une plante, un oiseau, un brin d'herbe, une étoile nous enchantent.

Sur le plan de l'ego, de l'avoir, des sens, on convoite, on est repoussé par tout ce qu'on ne peut pas saisir, accaparer pour s'enrichir, pour mieux jouir, on vit en surface, on se heurte aux autres : « l'enfer c'est les autres », aux résistances des autres avec qui on est sans cesse en conflit. On veut avoir la première place (Luc 15), on sent sa pauvreté, on veut être plus riche. Gouffre sans fond. L'ego, l'avoir quand on se met à son niveau, on cherche des sensations, nous vivons d'images.

L'intelligence nous conduit – devrait nous conduire – à l'être. En partant de l'être, on part d'une réalité et l'on vit dans les réalités.

*Carnet 87. Juin 1971*

Il y a en dehors de nous une réalité qui nous protège, nous forme, qui nous informe, nous fait croître comme un germe (nous sommes tous à l'état de germe), nous fortifie, nous rend éternel.

La sagesse est de voir ces réalités, d'entrer en liaison avec elles. Le temps est un aspect de cette réalité : celui qui dure, qui persévère, qui prévoit, qui sait attendre, se met à l'abri du temps pour l'éternité. Un amour, une amitié, tout subit l'épreuve du temps. Le temps est un grand maître.

*Carnet 80. Janvier 1971*

Ce qui dure et ce qui ne dure pas…

Un sentiment, la paix, une amélioration de santé, ça n'a pas duré.

Dieu est **éternel.**

*Carnet 80. Janvier 1971*

Le temps développe, fait pousser ce que Dieu a fait, une plante, un animal, une race : je te donne des fils, des filles, une descendance, il cicatrise, il guérit.

Le temps use, détruit ce que fait l'homme, les mécaniques, les machines, le mouvement perpétuel, les maisons bâties de la main de l'homme.

Vous êtes un temple, édifice spirituel de pierres vivantes.

*Carnet 69. 6 février 1970*

Dans l'ensemble l'œuvre s'enracine, devient plus forte. Mon Dieu faites que tout ne s'écroule pas à mon départ, faites que le diable ne la coupe pas à ses racines par le péché.

Il y a une loi du rythme

Le jour succède à la nuit

Le rythme du cœur : temps fort. Temps faible

Travail et repos

Action et contemplation

Vie nomade (voyage) et vie sédentaire (maison en dehors, en dedans)

Union et séparation

Il faut avoir un abri pour dormir, se reposer, fermer les yeux, prier, s'arrêter, se recueillir, s'unir à ceux qu'on aime, à Dieu.

*Carnet 53. 3 janvier 1969*

Dieu est prodigue dans ses bienfaits et en particulier du temps, des jours, des heures qui s'ajoutent innombrables aux jours et aux heures.

Rien n'est plus douloureux que de manquer de temps pour faire ce qu'on a à faire, de n'avoir qu'une heure de jour pour regagner la route forestière quand on est en montagne, de n'avoir qu'un instant pour faire une lettre, d'avoir trois fois trop de travail, de ne pas avancer une page, un article, un livre. Je suis souvent dans ce cas : travail en retard, dossier à fournir, livre à faire.

Saturé, mal à la tête, épuisement, sommeil. De nouveau j'ai non seulement la capacité, mais le goût, le besoin de lire ou de faire ce que je ne pouvais plus. Besoin de marcher, alors que j'étais très fatigué. Et j'ai de grandes journées, du temps disponible devant moi, des jours aussi nombreux que les vagues de la mer, que les feuilles ou les fruits d'un arbre. Et tout cela est un don de Dieu parce que je vis par lui.

Sinon ce serait une peau de chagrin, au milieu d'une fontaine de jouvence.

*Carnet 78. Novembre 1970*

Ne pas être ingrat envers le temps dont nous sommes l'hôte. Il m'a accueilli. La semaine dernière, à pied de Saint-Paul-de-Varax, j'étais éreinté.

Aujourd'hui en voiture, c'est un jeu. Cette voiture est un merveilleux instrument, que je dois à mon temps.

Il faut apporter à notre temps ce qui lui manque, le sens du péché.

Voir l'enseignement qu'on reçoit à la porte des basiliques et des cathédrales.

*Carnet 79. Décembre 1970*

Le temps conduit à l'éternité

être ponctuel, juste,

être à l'heure permet d'entrer dans cette éternité, prix du temps,

valeur du temps, instrument d'harmonie (comme à la Trappe)

Être pris dans le temps, ce n'est pas être dans le vent.

Être hors du temps, « dehors ».

*Carnet 80. Janvier 1971*

Le temps passe,

avoir le temps,

ne pas perdre son temps.

Je n'ai pas le temps de prier, autant dire – pour une plante – je n'ai pas le temps de m'enraciner.

Alors je n'ai pas le temps de prendre le temps qu'il faut pour faire quelque chose d'important.

*Le 1er janvier 1971*

Employer mon temps à :
– souffrir avec Jésus qui a souffert par amour,
– aimer, par lui, tous mes frères malheureux.

En dehors de cela je prends mon temps et je m'abîme.

*Carnet 80. Janvier 1971*

# 5
# L'ABRI DE LA PRIÈRE

La prière est plus importante que la maladie, la mort même est un gain si elle m'aide à prier.

*Carnet 72. 3 mai 1970*

Prier, demander la manne au désert, ou la traversée de la mer Rouge, sans foi suffisante, sans résolutions, c'est mentir.

*Carnet 80. Janvier 1971*

La Trappe : laboratoire de prière et de vie chrétienne.
J'y ai trouvé,
la semence
la source.

*Carnet 80. Janvier 1971*

Les grâces du Seigneur si elles ne trouvent pas d'abri se dissipent, s'évaporent. Il n'en reste rien. Leur abri, c'est le temple de Dieu. Jérusalem. C'est aussi le temple de nos âmes qui permet d'adorer en esprit et vérité. Partout, il y a des abris. Ce sont nos cœurs, mais ils sont vides.

L'abri des grâces de Dieu c'est la cathédrale, c'est le monastère N.D. des Dombes. La vie divine s'y abrite.

*Carnet 131. Juin 1974*

Les religieux, les prêtres ne prient plus : ils travaillent. Homme de peine l'hôpital.

Ils refusent l'invitation au festin qu'est la prière : repas du soir. « Je prendrai avec vous mon repas du soir. » Alors allez chercher les pauvres, les infirmes, les boiteux, les paralytiques, aux carrefours le long des rues…

Goût de la prière chez les clochards, chez les jeunes. (Taizé)

J'ai mis 20 ans pour apprendre à prier.

Parents, avez-vous appris à prier à vos enfants?

*Carnet 77. Octobre 1970*

La prière ne consiste pas à saisir par l'esprit des vérités sur Dieu et sur nous-mêmes.

Elle consiste à se nourrir – à manger – à respirer.

C'est pourquoi on doit toujours prier et ne pas cesser de prier – Et reprendre les mêmes prières – répétition.

*Carnet 76. Septembre 1970*

Ce n'est pas pour dormir que je me recouche, c'est pour prier et je dors par-dessus le marché.

*Carnet 131. Juin 1974*

Nous ne demandons pas assez à Dieu. Nous faisons comme ce mendiant, nous demandons à tous ceux qui se présentent de l'or, de l'argent, c'est-à-dire des moyens de vivre, de voyager, d'acquérir des biens matériels qui ne changent pas profondément nos infirmités. Nous donnons aussi aux autres de petites joies : sourires, petits services. Nous pouvons leur donner beaucoup plus. Ce que j'ai, Jésus Christ, je te le donne. Je ne te demande pas seulement du travail, de l'argent ; je te demande la santé de ma sœur, la santé de mon âme.

*Février 1972*

La messe est une action.

Une action formidable, celle par laquelle notre monde est sauvé. Action rédemptrice. Action du bien contre le mal, l'Œuvre du salut.

Comme dans une tragédie. La mauvaise tragédie est celle où il ne se passe rien, où il n'y a pas d'action, où l'action languit. Mais la véritable action est l'action de Dieu.

La messe est le drame parfait.

Un concentré de l'action de Dieu. C'est la prière de Jésus Christ lui-même. Banque d'amour sur laquelle on peut tirer un chèque plus qu'une action. C'est une action voulue, pensée où le cœur y est. Une action amoureuse.

*Carnet 132. 1974*

Marcher sur un chemin de crête. À tout instant on peut tomber dans le précipice.

Le mal est d'y tomber. Pour qu'on n'y tombe pas, Jésus s'y tient en agonie et nous ramasse. Image de la vie. Un moment d'inattention (accident de la route), un rien et on tombe. Image de la vie.

Combattre par le jeûne et la prière, à l'abri de la grâce.

La maladie nous fait passer en première ligne. Quand les soucis, les pépins, les ennuis, les difficultés augmentent et font baisser les plateaux de la balance, si ces souffrances sont acceptées en esprit de prière et de pénitence, la rédemption se fait. On obtient des grâces et on fait remonter le poids de la balance.

*Carnet 70. 7 mars 1970*

# 6
# CONFIDENCES

Autrefois quand on disait un chapelet, un chemin de croix, la messe, j'attendais que ça finisse, j'étais dehors.

Mon âme était sans abri, la prière était fermée comme une maison dont la porte ne s'ouvrirait pas. Il n'y avait pas de place pour moi dans la maison de Dieu. Maintenant je suis dedans, je me trouve bien dans ces prières, j'y habite.

Autrefois, n'étant pas chrétien, je ne croyais pas possible de le devenir. Maintenant que je le suis, je ne crois pas possible de cesser de l'être. Mais l'impossibilité n'a pas le même coefficient. Dans le premier cas c'est Dieu qui rend la chose possible, dans le deuxième cas, c'est le diable.

*Carnet 47.*

La rencontre avec Jésus, l'appel de Jésus bouleversent tout, coupent toute notre vie en deux. Il y a plus de différence entre une vie avant et une vie après sa rencontre qu'entre une vie ici-bas et ma vie au ciel ; car avec lui le ciel est déjà commencé (par la foi). Connaître Jésus, c'est le suivre, c'est demeurer avec lui, c'est ne pas le regarder passer comme nous faisons d'habitude.

À l'appel de Jésus au moment de ma mort, serai-je prêt ? Comme les apôtres ont été prêts, trouvera-t-il en moi un vrai disciple ?

*Carnet 54. 1969*

Une des raisons pour lesquelles j'ai opté pour le célibat, c'est qu'étant d'une santé fragile j'ai eu peur de mettre au monde des enfants chétifs en proie à la maladie et à la souffrance, des corps débiles et des âmes déséquilibrées. Je ne me serais pas senti assez solide, pas assez fort pour engendrer une progéniture suffisamment armée pour la vie. Je n'ai donc pas eu de fils selon la chair.

Je pense parfois à quel point je serais torturé si j'avais eu une liaison coupable et des enfants illégitimes. Je souffrirais d'avoir brisé par le péché ce lien sacré qui m'unit à mon Père et qui est ce qu'il y a de plus grand et de meilleur au monde. Et je suis effrayé de penser au nombre d'âmes qui sont dans cette situation déchirante et qui ont besoin de la paix que Dieu m'a donnée, et cela par miséricorde, car je suis un pécheur. Que cette paix, ô mon Dieu, soit bien celle du publicain et non des pharisiens. Et voici qu'une autre fécondité, une autre descendance, spirituelle celle-là, des fils selon l'esprit me sont donnés et avec eux le centuple de ce que j'aurais pu avoir dans le mariage. Mais je dis avec le même souci que j'ai eu dans ma jeunesse – Avoir une vie intérieure saine, équilibrée, pour ne pas engendrer des esprits faux, des vaniteux, des énervés, des égocentristes. Mon Dieu venez en moi. Esprit Saint, façonnez mon âme.

*Carnet 54. 1969*

Il ne suffit pas d'avoir un abri, une demeure, il faut qu'elle soit « entièrement pacifiée » (saint Jean de la Croix cité par sainte Thérèse de l'Enfant Jésus, *Histoire d'une âme,* chapitre IX).

Le seul désir que j'ai d'avoir la charité ou telle ou telle vertu me donne la paix, c'est-à-dire la sécurité, l'espérance d'être sauvé, la foi en Jésus et Marie, la certitude d'être aimé, d'obtenir grâce sur grâce, de surmonter la souffrance.

*Carnet 63. Août 1969*

Mon Dieu, me voici à vos pieds dans la petite chapelle silencieuse, vous adorant, vous remerciant comme Charles de Foucauld, vous disant par mes pauvres gestes, par ce lever matinal, par ce moment d'adoration nocturne, que je vous aime, que je veux vous aimer pardessus tout, alors que mon cœur est affreusement sec, dur, pareil à une pierre [3]. Faites-moi meilleur, changez ce cœur de pierre en un cœur de chair. Sainte Thérèse de l'Enfant Jésus, apprenez-moi à aimer mon Seigneur et mon Dieu :

– pour que je croie en lui
– pour que je le voie
– que je lui parle

---

[3] On sent ici, dans la forme et même dans le contenu, les réminiscences de la lecture assidue que Gabriel Rosset faisait des Écrits spirituels de Charles de Foucauld.

– que je sois changé en lui.

Le point de départ de tout, c'est ma confiance en lui, mon Sauveur, mon Libérateur.

Arrachez-moi au mal qui me torture, qui me rend sourd, aveugle, paralytique, possédé du démon.

Je vous oublie à chaque instant, je méprise vos commandements, je vous crucifie par mon indifférence, mon égoïsme monstrueux, ma lâcheté, mes vices impurs. Je suis dans un abîme de ténèbres, de dureté, de méchanceté.

La bonté, le courage qui me traversent parfois sont comme des îles dans la mer. Quel gouffre en moi.

Et la prière, si elle m'élève, me met sur un chemin de crête, sur la montagne de la contemplation. Par l'activisme, je me traîne au fond de l'abîme de mes réactions mauvaises ; la prière m'en arrache. Mon âme s'envole alors. Mais de ce chemin de crête, j'ai vite fait un faux pas. C'est celui de mon manque de charité pour le prochain. Comme je dois me surveiller ! Du bas il faut que je monte. Et quand je suis au sommet, je dois faire bien attention de ne pas tomber.

En bas je suis avec les hommes, il faut que je m'en arrache pour être à vous seul, ô mon Dieu, car avec eux, parmi eux, je vous oublie, je ne vous aime pas. Il faut que j'aille à la Trappe, que je fasse retraite, que je me fasse ermite. J'ai soif d'être avec vous toujours, de me retirer définitivement à la Trappe. C'est le meilleur, le plus beau, le plus sûr, le plus difficile.

Mais quand je suis à vous par la contemplation et la prière, quand je suis au sommet de la montagne de la sainteté par le devoir, le cœur, quand je dis Seigneur, Seigneur (je ne fais pas la volonté de mon Père)…

Vivre l'heure de ma mort. Mon Dieu, je remets mon âme entre vos mains. Cri de foi, d'abandon. Tomber sous le poids de la croix, non pas la porter avec colère, fureur, violence contre moi-même et contre tout mais doucement, patiemment.

*Carnet 68. 21 janvier 1970*
*(4 heures du matin)*

Garde-moi comme la prunelle de tes yeux.

À l'abri de tes ailes, protège-moi.

Comme le poussin menacé par un chien méchant.

Ce matin, j'étais las, brouillé, mal en train – ganglion douloureux derrière l'oreille. Quand le prêtre a élevé le calice, j'ai retrouvé force et vie dans le sang de Jésus. Comme Vincent qui dit à ses bourreaux qui le torturaient : je pensais que vous seriez plus cruels. Et Anastasie, brûlée par les charbons ardents : je m'attendais à de plus grandes souffrances.

Comme Grignion de Montfort, que je vive à l'abri de la sainte Vierge, comme son enfant chéri. Ô quel bonheur. Elle est le paradis perdu retrouvé, le jardin de délices de Dieu, retrouvé à jamais.

*Carnet 68. 22 janvier 1970*

Nous devons nous repentir de nos fautes, sinon on s'empoisonne, on fait le jeu du diable.

À vingt-cinq ans, j'aurais dû rentrer à la Trappe. Les choses qui m'ont arrêté ne sont pas valables : manque de santé – vie très dure, ascétique.

Je vois mieux maintenant ce qu'il en est. Je me suis donc trompé maintes fois. Félix Culpa.

Si je me repens, si je regrette, j'aimerai la Trappe,

j'en dirai du bien, je serai heureux d'y retourner, de m'y humilier, je considérerai le trappiste meilleur que moi, supérieur à moi. Si je ne regrette rien, si je juge, si je suis orgueilleux, je suis injuste, je me justifie, je fais des tas de théories, je ne comprends pas.

Tout est réparé, tout va mieux qu'avant si j'ai le repentir, si je me vois infidèle : saint Luc, il n'y a que des avantages. Je peux mieux y entrer encore et si je n'y entre pas ça n'est pas trop grave. Quelquefois le Bon Dieu se contente du désir.

*Carnet 69. Février 1970*

J'ai mal à la tête.

J'ai peur de mourir.

J'en fais des actes d'amour : je suis heureux d'aider Jésus Christ à porter sa croix. Je désire le voir, être avec lui au paradis.

Je n'ai plus mal à la tête, je n'ai plus peur. Expériences renouvelées cent fois.

*Carnet 72. Mai 1970*

Je rencontre tous les jours des obstacles contre lesquels j'ai peur de buter, j'ai peur d'être écrasé.

Mais cette crainte est folle, fait sourire Jésus, Marie et Joseph qui me disent : « Homme de peu de foi. »

Je mets ma confiance dans le Seigneur, je suis sûr de sa parole. Comme dans une grande bataille qui se prépare. Il est bon que je sache que tel soldat n'est pas un bon combattant, je ne compterai pas sur lui. Un homme averti en vaut deux… Tout tourne au bien de celui qui aime.

Non, je ne suis pas battu, Dieu est là.

Il y a des gens qui disent : « Vous allez voir, je vais porter beaucoup de fruits. » Mais on juge l'arbre à ses fruits.

On verra au temps des fruits à l'automne. Laisser passer le temps. Ils s'écartent d'eux-mêmes, difficile de juger avant. Il ne faut pas faire d'injustice.

*Carnet 70. 26 mai 1970*

Je n'ai rien fait. Je suis sans abri.

Je me suis dépouillé, perdu, je me suis tué à ne rien faire. J'ai creusé la fosse dans laquelle je suis tombé. Mon œuvre, les Sans-Abri, m'écrase. Les services sociaux me reprochent ce que j'ai fait, s'acharnent comme des vautours sur mon cadavre. Le remède a été pire que le mal. Sorcière, une taupe fait un travail souterrain. « Je ne pouvais pas y croire : que vous soyez détesté à ce point par des gens que vous avez relogés ! » Je suis trahi par ceux que je paie pour m'aider dans une tâche. Ils sèment la peste. Comme une taupe elle coupe les racines de mes satisfactions. Ça va mal. Les gosses excités par les contestataires se sentent forts. Des forcenés cassent tout, brisent tout. Les hommes qui s'enivrent… Le jeune qui a fait six ans de légion et six mois de prison et qui paraît un peu fou. Il y a de quoi.

Mon Dieu, mon Dieu, pourquoi m'as-tu abandonné ? Comme Jésus en tous ceux qui l'ont suivi, comme un ver écrasé sous le poids de sa croix, puis cloué sur cette croix. Père, pardonne-leur, ils ne savent pas ce qu'ils font.

Sans abri, c'est-à-dire sans vêtements, sans maison, sans résultat, sans ami, livré à la mort, sans rien que sa bonne volonté, sans enfant, sans fruit.

Je suis sans abri mais près de Jésus.

Je suis Jésus que tu persécutes. Sans abri, je me mets à l'abri de la prière. Ils m'ont haï sans raison… Comme je l'ai fait pour mes bienfaiteurs et vis-à-vis de mon Dieu.

Je vous ai si peu aimé! Sans amour dans mon cœur, sans abri comme le grain qui meurt et qui peut-être portera du fruit. Dieu seul le sait. Il me l'a promis… J'entre à la Trappe. Nunc dimittis. Marie.

*Carnet 77. Octobre 1970*

Plus on s'élève, plus on tombe de haut. Plus on se tient devant Dieu, plus on voit les laideurs du monde. Plus on aspire à la perfection, plus on se sent imparfait. Plus on a du goût pour Dieu, plus on aime les hommes. Pendant cette messe de sainte Thérèse de Lisieux, je vois qu'elle unissait bien les deux : contemplation-action. Surtout la grande Thérèse, mais la petite aussi : « plus j'ai du goût pour Dieu, plus j'aime les sœurs » et « plus je fais un travail avec soin ».

Ce n'est pas parce qu'il y a trop d'oraison dans ma vie que je me déséquilibre, c'est parce qu'il n'y en a pas assez, qu'elle n'est pas assez profonde, pas assez pure, que je n'ai pas encore atteint l'unité, la grande simplicité.

Deux parties dans ma vie : une toute de lumière, la vie d'oraison, l'autre toute obscure : l'action, ma vie ordinaire. Cloison : pas assez transparent.

Quand on est bien recueilli, qu'on a bien prié : on voit ce qu'il faut faire, on a la force, le goût de le faire.

Plus on a du goût pour Dieu, plus on a de goût pour les hommes, pour ses amis, pour ce qu'on fait.

Deux efforts :

– prier davantage et mieux, améliorer, perfectionner ce qu'on fait,

– avancer son travail, rendement, recueilli. Ordre dans les affaires, être gentil avec les autres.

Effort méritoire qui purifie, ouvre l'âme. Ce ne sont pas ceux qui disent..., ce sont ceux qui font.

*Carnet 78. 29 octobre 1970*

S'occuper de soi, de sa santé, de sa fortune, de ses plaisirs (il n'y a pas de limites). C'est l'impasse, la marée croupissante, le piège empoisonné.

Aidez-moi à mener à bien ce que j'ai entrepris pour moi, pour vous, prière exaucée.

Impossibilité, paralysé, on est anéanti, frappé d'inertie...

Plusieurs fois dans ma vie et encore récemment.

Donnez-moi ce que je veux pour moi, afin de vous mieux servir. C'est encore insuffisant.

Une fois qu'on fait la volonté de Dieu, on peut chercher accessoirement, comme moyen, des buts seconds, la santé, tous les biens du monde.

Exemple : sainte Thérèse reçoit plus de fleurs qu'avant. Moi aussi : Sainte-Agnès, montagne, tous mes rêves se réalisent, même faire du cheval avec Brochier.

*Carnet 78. 29 octobre 1970*

Je me confie à la Vierge Marie, je le ferai à l'heure de ma mort, au moment où je perdrai pied et serai englouti par la mort. À ce moment je crierai « Seigneur, sauvez-nous, nous périssons » (accident de voiture, de montagne, pris par le froid, par le feu).

À ce moment je comprendrai que j'ai besoin d'un Sauveur, je mesurerai la distance infinie de l'Être au néant que je suis.

Il y a la même distance entre l'infiniment parfait et l'homme pécheur.

Publicain : je suis un pauvre pécheur, dans ma vie familiale, professionnelle, politique, je sens ma culpabilité. J'ai besoin d'être soutenu, guidé, de me mettre à l'abri, d'être conduit par la main. D'avoir un père, une mère, de me faire porter, couvrir d'un manteau et d'un toit.

Je suis un pauvre pécheur, disent les saints et ils ont raison. M'oublier entièrement.

Par moi je m'enfonce dans les eaux. J'ai besoin de flotter, d'ouvrir la voile au vent de la grâce. Je ne peux plus ramer.

Dans toutes les circonstances, dans toutes les entreprises, je m'enfonce. Je dois jeter du lest, me faire léger, tout tient à un fil : famille, profession, santé, mais ça tient.

Par la prière, le recueillement, la charité, l'oubli de soi.

*Carnet 78. 20 décembre 1970*

Penser à la mort n'est pas s'anéantir, se mutiler, refuser la vie, s'assombrir, s'attrister. Au contraire, c'est chercher la Vie au-delà de la mort, chercher les vrais biens, s'exalter.

Je vieillis, je perds mes forces. Il faut continuer à vouloir, à vivre d'idéal, à faire de grands projets, à grandir. Il faut germer en mourant, comme le grain.

Ne pas se détruire, s'équilibrer par le dedans, continuer à diriger l'œuvre du Foyer.

*Carnet 88. Juillet 1971*

Pas d'hiatus entre la vie et la mort. Être prêt. Avoir ses affaires en ordre. Que l'œuvre continue (Christ et ses Apôtres). Il ne faut pas que tout s'effondre. Écrire un livre pour cela.

Ne pas avoir peur de la mort. Chaque fois que je fais un travail, un voyage, une opération Foyer ou bien de fonder une famille, avoir un enfant, je m'use, m'appauvris.

Dieu seul peut m'aider à récupérer, à me refaire une santé, à renouveler mon être comme la jeunesse de l'aigle. Se ressourcer, se refaire en lui au lieu de s'épuiser. Modèle de mort : Jésus Christ.

Ma santé fragile (c'est pour cela que je ne me suis pas marié) : chaque fois que je fais quelque chose, je m'épuise, puis je ressuscite.

*Carnet 88. Juillet 1971*

Maintenant ma vie est devenue un poème. J'étais incapable de faire des vers comme Lamartine ou Victor Hugo (heureusement que je n'avais pas leur génie). Au lieu de faire des poèmes, j'ai essayé de mettre de la poésie dans mes actions. Cela, « c'est à la portée de tout le monde ».

*Carnet 97. Février 1972*

Ne veux-tu pas souffrir avec moi ? M'aider à porter ma croix pour arracher des âmes à l'enfer ?

Oh si, mon Jésus, je le veux bien.

Ta maladie (hypertension) t'oblige à freiner tes activités, à calmer ta fièvre de l'action, à te modérer, à ne plus compter sur ta force, à ne faire que ce que je te commande en t'appuyant non sur toi, mais sur moi. Elle t'oblige aussi à être calme, patient, à ne plus te mettre en colère, ce qui te rend malade.

Ne pas dire : j'ai de la tension, je ne vais plus rien faire et me reposer. Continuer en s'appuyant sur Notre-Dame du Bon Secours.

*Carnet 109. Décembre 1972*

Je n'ai pas la charité. Le contraire serait étonnant car la charité vient de Dieu. C'est normal que je ne la trouve pas en moi. Et pourtant, c'est la vie même de Dieu.

Si je ne l'ai pas, je n'ai rien, je suis perdu.

*Carnet 111. 1973*

Hier soir crises de palpitations et de vertiges avec obscurcissement, contraction au cœur et aux épaules. J'ai bien peur d'être arrêté : infarctus, angine de poitrine. Si je m'énerve, si je me mets en colère, si je parle trop, surtout contre quelqu'un, le mal m'étreint. Je dois rester calme, doux, ne pas m'irriter, ne pas m'impatienter.

Autre chose, je porte un gros poids, actuellement rédiger le rapport moral et préparer le bulletin *l'Arche,* et surtout discussions avec chacun…

J'ai un poids à porter (80 kg!) tant que je peux. Il y a des amis qui ajoutent à mes soucis, à ma fatigue, qui me font porter une partie de leur fardeau. Il y en a d'autres qui m'allègent, qui portent mon fardeau.

À ceux qui me chargent, qui me frappent, je dois pardonner, comme Dieu me pardonne en me rendant des forces que je gaspille. C'est comme s'il me remettait ma dette envers lui qui est grande, et dont je ne m'acquitte que très mal. S'il me donne la force, s'il me rend capable de porter mon fardeau, vais-je accabler celui qui m'a gêné, chargé, ennuyé? Ce serait lâche et ingrat.

Je ne dois penser qu'au don magnifique, qu'au miracle que Dieu et la sainte Vierge ont fait en me guérissant, fortifiant, soutenant au lieu de m'abandonner comme ils auraient pu le faire. Alors ce n'est pas un kilo de plus que j'aurais eu à porter, c'est quatre-vingts après m'être effondré, écroulé. Dans cette attitude droite envers Dieu, il y a, au lieu de la confiance en soi :

– La foi qui est confiance en Dieu. Faites que je voie, faites que je marche, ayez pitié de moi, Seigneur. Si vous le voulez, vous pouvez me guérir. Et il me guérit. Je suis dans la situation de l'aveugle-né, du paralytique de l'Évangile. Et je dois remercier, me prosterner, adorer celui qui m'a guéri, sauvé. Quelle vie merveilleuse!

– Plus de vertu. Je ne dois pas compter sur moi, je dois être patient et bon pour autrui comme Dieu l'a été pour moi; ne pas ressasser les méchancetés, rayonner la charité, mais comment pardonner? Ne pas me mettre en colère sinon la fatigue revient, ne pas me plaindre. Être doux, gentil, souriant. Demander la force, que Dieu remplisse ma main. Ne pas être personnel, propriétaire. Recevoir de Dieu, au fur et à mesure, ce que je fais, ce que je dis. Comme cela me sanctifie!

– Sentir l'amour de Dieu, de Marie, être sous son manteau comme Jeanne sous son oriflamme. Jésus, Marie, leur demander la victoire de la mission que je remplis, comme elle. Être heureux. Être un miraculé, faire des miracles. Actuellement rédiger *l'Arche,* le livre sans-abri. Encourager les bénévoles, les professionnels du service social, les « remonter », les entraîner, trouver un chef de service… un adjoint, un successeur, me préparer à paraître devant Dieu, demander pardon de mes péchés.

Dire : Seigneur, souviens-toi de moi dans ton Royaume.

Je t'aime.

Je suis heureux de donner ma vie pour toi et de souffrir pour toi, de t'aider à porter ta croix, dans la souffrance, de te donner des âmes, de travailler avec toi au salut des âmes, d'être persécuté à cause de ton nom, d'avoir des soucis, de recevoir des coups, des blessures d'amour-propre à ton service, d'avaler des couleuvres, des déceptions, de boire ton calice d'amertume, d'abandon, de trahison.

Mon Dieu je veux t'aimer comme tu m'as aimé jusqu'à la mort pour être à jamais à toi avec ceux que j'aime.

Merci mon Dieu de tout ce que tu m'as donné et pardonné. Pitié pour ceux qui te peinent et te trahissent, pour les dévoyés, les révoltés. Je voudrais te gagner beaucoup d'âmes par la douceur et l'amour alors que jusqu'alors j'ai été dur, violent, brutal pour les méchants. Je veux changer mon cœur pour changer le cœur des hommes. Aide-moi dans ma mission.

J'offre ma vie pour qu'elle s'accomplisse comme tu le veux.

In manus tuas.

Pour ceux qui te cherchent, qui souffrent, qui sont dans la misère noire, pour le tiers-monde.

Sainte Jeanne d'Arc

Saint Maximilien Kolbe

Antoine Martel

Sainte Vierge, garde-moi sous ton manteau.

**Prends-moi** !

*Avril 1973*

J'ai dit oui au Seigneur qui m'a demandé, comme à Josefa Menéndez [4], veux-tu porter ma croix?

J'ai dit oui du bout des lèvres.

J'ai été défaillant – retour en arrière – mais j'ai quand même dit oui. C'est un petit pas.

*8 décembre 1973*

Je suis moulu,
brisé,
rompu.
Je m'effiloche,
Je suis vermoulu,
si on me touche, je vais m'écrouler.
Et ça tient!
par miracle
C'est dans ces moments que je prie le mieux,
que je suis le mieux inspiré...

*Décembre 1973*

Quand on a reçu la lumière qui vient de Dieu, quand on a mesuré la transcendance de Dieu, en pensant qu'il fait tout de rien, qu'il peut créer et anéantir, ressusciter un mort comme Lazare, guérir des infirmes, apaiser les flots déchaînés; et quand on a compris qu'on reçoit tout de lui (comme on a pu le comprendre au cours de nos rencontres avec Dieu, semblables à celles de saint Paul sur le chemin de Damas), alors on a une manière toute

[4] Josefa Menéndez (1890-1923), religieuse espagnole de la Société du Sacré-Cœur de Jésus, connue pour avoir eu des révélations sur le Cœur de Jésus.

nouvelle de voir, de sentir, de vivre. On a découvert un nouveau monde comme les compagnons de Christophe Colomb. On sait des choses que les autres hommes ne savent pas. Qu'il y a un soleil tout petit, qu'il s'est réduit à rien pour venir à nous, se faire homme, ne pas nous brûler de ses feux et nous écraser de sa puissance, se mettre à notre portée. Dieu s'est fait homme, le soleil s'est fait lampe pour entrer dans notre maison et l'éclairer. C'est le grand mystère de l'Incarnation, mystère de l'humilité, de la bonté, de l'amour de Dieu. Notre rencontre avec Dieu est celle d'un bien portant et d'un lépreux. L'homme sain pour s'unir intimement au lépreux et le guérir devient lui-même lépreux.

Le Christ a pris dans sa passion la lèpre du péché. Dans ses plaies nous trouvons la preuve de son amour. On comprend ça quand on est terrassé, comme saint Paul sur le chemin de Damas, par la lumière et la voix du Christ : je suis Jésus qui te persécute. À ce moment-là, on vit. Et puis on oublie, on s'endort ou on tombe dans une sorte de mort. On fait comme tout le monde. On ne se conduit plus comme des spirituels. Jusqu'à la fin on est exposé à cette lutte.

*Carnet 128. 1974*

Vie Spirituelle : il y a des hauts et des bas.

Les hauts : exultation, exaltation, extases d'amour.

Moments ardents de fièvre religieuse, d'enthousiasme délirant, ainsi quand j'étais enfant : salut du saint sacrement à l'église. Moment d'amour pour ma mère, de crainte de la perdre. Moment d'éternité où l'on est prêt à quitter la terre. Et d'autres moments à plat. La vieillesse devrait nous tenir dans les hauteurs, planer au-dessus de la vie (Baudelaire), moments d'oblations totales comme les grands malades.

*Carnet 130. Mai 1974*

Je nage à contre-courant depuis des heures, épuisé. La messe est le navire où je monte et avance cent fois plus vite.

Le plus grand amour, la plus grande joie sur la terre, c'est une lampe qui s'allume dans notre cœur.

Mais une grâce de Dieu, c'est comme une nappe de rayons de soleil qui éclaire la terre enténébrée.

*Carnet 131. Mai 1974*

J'étais fait pour la Trappe, pour le sacerdoce, je n'ai été ni l'un ni l'autre.

Bien des raisons. Je n'en étais pas digne, mais j'espère être un voleur de Paradis comme le bon larron.

*Carnet 131. Juin 1974*

Tout me réussit au Foyer de l'œuvre de Dieu, mais il ne faut absolument pas que je m'en aperçoive. Ce serait la catastrophe. Alors Dieu se charge de me maintenir dans l'humilité :

fautes
critiques (syndicalistes)
calomnies, médisances
trahisons
dangers de tous les instants
Je ne peux vraiment pas m'enorgueillir
Cela devient intenable.

*Carnet 132. 1974*

Vie intérieure – Amour – Action – Souffrances – échec : elle est peut-être surmontée, offerte pour faire l'action de grâce : joie, succès.

Effort : je me fatigue, je m'use, je me tue, mais ce que je fais, ce que je veux, vaut plus que ma vie.

Je gagne en perdant ma vie pour lui, pour elle... C'est ça l'amour. C'est préférer l'autre à soi, ne plus se rechercher, s'oublier, se donner à l'autre, aux autres.

Exaltant : le Foyer, la Charité l'emporte.

La Trappe c'est ça. J'ai trouvé l'amour, j'ai trouvé Dieu.

Trahison de ceux à qui on se donne. Incompréhension...

*Carnet 132. 1974*

Je n'avais pas envie de frotter et laver au balai-brosse et à la serpillière le plancher qui en avait bien besoin. Mais après la prière je m'y suis mis. Je ne sentais plus autant qu'avant la fatigue de la journée. J'ai repris goût à ce travail. Ça s'est fait le plus simplement, le plus naturellement du monde. Ça n'a été ni une lumière, ni un attrait spirituel, ni un ordre mais une douce inclination. J'ai vu que c'était nécessaire, raisonnable, que je pouvais. Pendant que je frottais au balai-brosse, j'ai pensé que le père Simon faisait souvent ça à la Trappe, que P. et P. faisaient cela au Foyer. J'ai été en communion profonde vraie avec elles.

*Carnet 133. 1974*

Frappé d'une hémiplégie le 27 décembre à la Trappe des Dombes, Gabriel Rosset est décédé à Lyon le 30 décembre 1974.

Pour pérenniser la mémoire, le charisme et la spiritualité de Gabriel Rosset, une association a été créée en 1999 :

*Amis de Gabriel Rosset*
85 rue Sébastien Gryphe
69007 Lyon.

# TABLE DES MATIÈRES

# DANS LA MÊME COLLECTION

La collection « **Spiritualité** » est la plus développée des collections des éditions Nouvelle Cité. On y trouve des écrits spirituels comme ceux de Charles de Foucauld, Madeleine Delbrêl, Mère Teresa ou Chiara Lubich, mais aussi des portraits et vies de grandes figures spirituelles, parmi lesquelles de nombreux saints : François de Sales, Ignace de Loyola, Alphonse de Liguori…

En voici la liste complète par ordre alphabétique de titres :

À CONTRE-COURANT, A. S. RECEVEUR, Myriam Guibert
À FORCE D'AMOUR, Dom Helder Camara
ADELAÏDE DE CICÉ, Marielle de Chaignon
AFIN QUE LE MONDE CROIE, Wladimir Zielinsky
AIMER PARCE QUE DIEU EST AMOUR, Chiara Lubich

AMOUREUSE DU CRUCIFIÉ, SAINTE GEMMA GALGANI, Giulano Agresti
ART D'AIMER EN FAMILLE (L'), 87 réponses pour vivre au quotidien, Chiara Lubich
AU FIL DES JOURS, nouvelle anthologie des Écrits Spirituels, Charles de Foucauld
AUX PLUS PETITS DE MES FRÈRES, Charles de Foucauld
AVEC MARIE AU SERVICE DU SEIGNEUR (La consécration au Christ selon Montfort), Jean Hémery
AVENTURE DE L'UNITÉ (L'), Chiara Lubich
BAPTÊME DE LA RUSSIE (LE), Maryse Dennes
BONTÉ DE DIEU (LA), Charles de Foucauld
CARNET DE BENI ABBÈS, Charles de Foucauld
CARNETS DE TAMANRASSET, Charles de Foucauld
CHARLES DE FOUCAULD, Sur les pas de Jésus de Nazareth, Petite sœur Annie de Jésus
CHEMIN POUR UNE VIE NOUVELLE, Anastasio Ballestrero
CHRIST AU CŒUR DES SIÈCLES (LE), Chiara Lubich
COMBLÉE DE GRÂCE, Collectif
COMME INSISTE L'AMOUR, LE CURÉ D'ARS, André Dupleix
COMMENTAIRE DE SAINT JEAN, François Libermann
COMMENTAIRE DE SAINT MATTHIEU, Charles de Foucauld
CONSIDÉRATIONS SUR LES FÊTES DE L'ANNÉE, Charles de Foucauld
CREDO, Hans Urs von Balthasar
CRI (LE), Jésus crucifié et abandonné dans l'histoire et la

vie des Focolari, de leur naissance en 1943 jusqu'à l'aube du troisième millénaire, Chiara Lubich
CRIER L'ÉVANGILE, Charles de Foucauld (nouvelle édition)
D'UN BOUT DU MONDE À L'AUTRE, Petite Sœur Magdeleine
DERNIÈRE PLACE (LA), Charles de Foucauld (nouvelle édition)
DIALOGUE AVEC CHIARA LUBICH, Michel Pochet
DIEU AU QUOTIDIEN, Mieczyslaw Malinski
DU SAHARA AU MONDE ENTIER, Petite Sœur Magdeleine
ÉBLOUIE PAR DIEU, Correspondance, volume 1, 1910-1941, Madeleine Delbrêl (Œuvres complètes, tome I)
ÉCRITS SPIRITUELS, Don Jean Bosco
EN VUE DE DIEU SEUL, Charles de Foucauld (nouvelle édition)
ESPRIT DE JÉSUS (L'), Charles de Foucauld
ET DIEU S'EST FAIT ENFANT, Klaus Hemmerle
EUROCATÉCHÈSE POUR LE JUBILÉ, Douze évêques d'Europe
FAMILLES, DIEU VOUS AIME, Godfried Danneels
FAUX MYSTIQUES CHRÉTIENS (LES), Marie-Agnès Vallart-Rossi
FEU SUR LA TERRE (LE), Jean de la Croix
FRATERNITÉ UNIVERSELLE, Mère Teresa
GRANDS MYSTIQUES RUSSES (LES), Thomas Spidlik
HOSPITALITÉ SACRÉE (L'), Louis Massignon
HUMBLEMENT VÔTRE, Albino Luciani

IGNACE DE LOYOLA, PÈLERIN DE L'ABSOLU, Ignacio Tellechea Idigoras
IMITATION DE JÉSUS CHRIST (L'), traduction de Pierre Guilbert
IMITATION DU BIEN-AIMÉ (L'), Charles de Foucauld
JEAN-LÉON LE PRÉVOST, Serge Grandais
JEANNE-MARGUERITE DE MONTMORENCY, Joseph Sigward
JE BRISERAI VOS CHAÎNES, Loïc Huyghues Despointes
JÉSUS, LE MAÎTRE DE NAZARETH, Alexandre Men
J'ÉTAIS SANS ABRI, Gabriel Rosset (nouvelle édition)
JOURNAL DE FEU, Igino Giordani
JOURNAL DE HONGRIE, Monika Timar
LETTRES À UN AMI DE LYCÉE, Charles de Foucauld
LIVRE DES TROIS DÉSERTS (LE), Georges Haldas
LIVRE D'OR (LE), Louis-Marie Grignion de Montfort
LOUIS-MARIE GRIGNION DE MONTFORT, Théodule Rey-Mermet
MADELEINE DELBRÊL RUES DES VILLES CHEMINS DE DIEU (1904-1964), Christine de Boismarmin (nouvelle édition)
MADELEINE DELBRÊL CONNUE ET INCONNUE (Livre du centenaire), Gilles François, Bernard Pitaud, Agnès Spycket
MAGNIFICAT (LE), Martin Luther
MARIE ET LA FAIBLESSE DE DIEU, Jean Morinay
MARIE, TRANSPARENCE DE DIEU, Chiara Lubich

MÉDITATIONS, Chiara Lubich
MÉDITATIONS SUR LES PSAUMES, Charles de Foucauld
MONDE À AIMER (UN), Michel Tournade
NOUS AUTRES LÉPREUX, Gavan Daws
NOUS AVONS ENTENDU LA VOIX DES PAUVRES (Sainte Jeanne-Antide Thouret), Théodule Rey-Mermet
PAROLE EN PARABOLES (LA), Marcel Driot
PAROLE SE FAIT VIE (LA), Chiara Lubich
PASSION DE CROIRE (LA), Mme Guyon
PENSÉE ET SPIRITUALITÉ, Chiara Lubich
PETIT FRÈRE DE JÉSUS, Charles de Foucauld (nouvelle édition)
POUR L'ÉGLISE DE DEMAIN, Léon-Joseph Suenens
PREMIERS PAS DANS LA PRIÈRE, Jean-Marie Lustiger
PRÉSENCE DE MARIE : FONDATEURS, FONDATRICES MARISTES, Antoine Forissier
PRIÈRE À MARIE, Dom Helder Camara
PUISSANCE DE LA CROIX (LA), Édith Stein
QUI EST DIEU POUR VOUS, Godfried Danneels
QUI PEUT RÉSISTER À DIEU, Charles de Foucauld
REDÉCOUVRIR THOMAS D'AQUIN, Stephan Swiezawski
REFAIRE L'ÉGLISE DE TOUJOURS, Fernand Portal
RÈGLEMENTS ET DIRECTOIRE, Charles de Foucauld
SAINT DU SIÈCLE DES LUMIÈRES (LE), ALPHONSE DE LIGUORI, Théodule Rey-Mermet
S'ATTARDER AVEC DIEU, Waltraud Herbstrith
SEUL AVEC DIEU, Charles de Foucauld

SILENCE DE THOMAS D'AQUIN (LE), Bruno Forte
SIX SOURCES OÙ PUISER DIEU, Chiara Lubich
S'UNIR AU CHRIST EN PLEIN MONDE, Correspondance, volume 2, 1942-1952, Madeleine Delbrêl (Œuvres complètes, tome II)
SUR LES PAS DU RESSUSCITÉ, Chiara Lubich
TÉMOINS DE L'ESPÉRANCE, Mgr François-Xavier Nguyên van Thuân
TIMON-DAVID, AU CŒUR DES JEUNES, Jean Chelini
UN CHEMIN DE CROIX, Mieczyslaw Malinski
UN CHEMIN VERS DIEU : LES CONSTITUTIONS DE SAINT IGNACE, Joseph Thomas
UN DOCTEUR POUR L'ÉGLISE, THÉRÈSE DE LISIEUX, Bernard Laluque
UN HOMME POUR LES SANS ESPOIR : ALPHONSE DE LIGUORI, Théodule Rey-Mermet
UN SAGE ET UN SAINT : FRANÇOIS DE SALES, André Ravier
UN SAUVEUR NOUS EST NÉ, Marcel Driot
UNE LETTRE DE JÉSUS CHRIST, Jean de Landsberg
VIE EST UN VOYAGE (LA), Chiara Lubich
VIERGE DU SAMEDI SAINT (LA), Cardinal Carlo Maria Martini
VIVRE L'INSTANT PRÉSENT, Chiara Lubich
VOYAGEUR DANS LA NUIT, Charles de Foucauld

CET OUVRAGE
A ÉTÉ REPRODUIT
ET ACHEVÉ D'IMPRIMER
PAR L'IMPRIMERIE FLOCH
À MAYENNE EN NOVEMBRE 2004
POUR LE COMPTE DES
ÉDITIONS NOUVELLE CITÉ
37, AVENUE DE LA MARNE
92120 MONTROUGE

ISBN 2-85313-469-5
N° d'impr. : 61402.
D. L. : novembre 2004.
*(Imprimé en France)*